高职院校校史文化建设及发展路径研究

陈云华◎著

北京燕山出版社

图书在版编目（CIP）数据

高职院校校史文化建设及发展路径研究 / 陈云华著
. -- 北京 : 北京燕山出版社 , 2023.10
  ISBN 978-7-5402-7134-3

  Ⅰ.①高… Ⅱ.①陈… Ⅲ.①高等职业教育—校史—
文化研究 Ⅳ.① G718.5

中国国家版本馆 CIP 数据核字 (2023) 第 228113 号

高职院校校史文化建设及发展路径研究

著者：陈云华
责任编辑：郭　扬
封面设计：张　肖
出版发行：北京燕山出版社有限公司
社址：北京市西城区椿树街道琉璃厂西街 20 号
邮编：100052
电话：86-10-65240430（总编室）
印刷：天津和萱印刷有限公司
成品尺寸：170 mm × 240 mm
字数：224 千字
印张：12.5
版别：2024 年 5 月第 1 版
印次：2024 年 5 月第 1 次印刷
ISBN：978-7-5402-7134-3
定价：72.00 元

作者简介

　　陈云华，男，毕业于湖南师范大学汉语言文学专业，本科学历，现任湖南铁路科技职业技术学院党政办公室主任，具有丰富的职业教育和思想政治工作经验，在《人文之友》《教育视点》等期刊发表论文10余篇，主编或参编著作5本，主持或参与省、市级课题（项目）10余项。

前 言

改革开放以来，中国高职院校取得了突飞猛进的发展。如今，中国的很多高职院校已经有了很长的发展历史，如何总结、提炼、弘扬与提升蕴藏在学校发展历史与校史人物之中的校史文化，是当前高职院校加强内涵建设、促进教育事业科学发展的历史使命。校史是一所学校发展轨迹的真实记录，也是学校文化的重要组成部分，具有"留史、资政、育人"的重要作用，校史记载着学校创建、发展和壮大的历程，展现了学校的办学特色和办学精神。校史文化是学校重要的精神财富和物质财富，学校在发展过程中会形成自己独特的文化，所留存的资料也是宝贵的文化和教学资源。开展校史文化建设，提升学校文化软实力，是高职院校加强校园文化建设，办好中国特色社会主义学校的重要内容。搞好校史文化建设，对坚持立德树人，培育和践行社会主义核心价值观；强化思想引领，牢牢把握学校意识形态工作领导权；全面推进党的建设，加强高职院校思想政治建设等都具有重要的作用。研究、构建、弘扬校史文化符合党的十八大建设社会主义文化强国的要求，符合各高职院校进行内涵建设，加快自身发展的需要，是高职院校优化育人环境、进行内涵发展、提高文化软实力的需要和保证。

本书第一章为校史文化概述，分别介绍了校史、校史文化、校史文化的形成过程与特点、校史文化的结构、校史文化价值观五个方面的内容；第二章为校史文化构成，主要介绍了三个方面的内容，依次是校史精神文化、校史物质文化、校史制度文化；第三章为高职院校校史文化与校园文化，具体内容为高职院校校园文化建设综述、高职院校校史文化与校园文化的关系、高职院校校史文化在校园文化建设中发挥的作用；第四章为弘扬高职院校校史文化的基本举措，依次介绍了加强校史文化场馆建设、丰富校史教育教学内容、完善校史文化课程建设三个方面的内容；第五章为高职院校校史文化育人价值及路径研究，主要介绍了三个方面的内容，分别是高职院校校史文化育人现状、高职院校校史文化育人功能、高职院校校史文化育人功能的实现路径。

在撰写本书的过程中，作者得到了许多专家学者的帮助和指导，参考了大量的学术文献，在此表示真诚的感谢！本书内容系统全面，论述条理清晰、深入浅出，但因作者水平有限，加之时间仓促，本书难免存在一些疏漏，在此，恳请同行专家和读者朋友批评指正！

陈云华

2023 年 2 月

目录

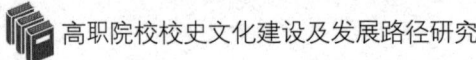

第一章 校史文化概述

历史是最好的教科书，校史文化是一所学校的文脉传承，要想发挥出校史文化的教化功能，就要先对校史文化进行深入的了解和分析。本章概要叙述了校史文化，主要从五个方面进行了阐述，分别是校史、校史文化、校史文化的形成过程与特点、校史文化的结构、校史文化价值观。

第一节 校史

一、校史概述

（一）校史的概念

校史记录了一所学校建设与发展的历史。在学校里，校史包含类型众多，其中，有正式编辑出版的校史文集，有定期整理编辑的校史资料，还有年鉴等。另外，还有一些以研究论文和文史资料等形式出现的关于学校发展历史、重大事件或重要人物的文献资料，也属于校史的范畴。

（二）校史与相关概念的辨析

1. 校史与校志

校志是与校史相近的概念。首先，"史"和"志"是两种相近的文体。人们经常说"史志同源"，就是指"史"和"志"这两种文体在反映社会历史这一点上"同源"。在我国今天的社会生活中，"志"仍然是一种有着广泛用途的一种文章体裁，一些地方所设置的地方志办公室，就是专门从事地方志的研究和编撰工作的机构。其实，这里所说的地方志，也就是我们通常所说的地方史。当然，"史"和"志"毕竟是两种不同的文体，虽然史志同源，但它们还是同中有异。"史"和"志"两者的区别主要体现在以下三个方面：第一，"史"主要记载历史，反映的是过去发生的历史事实；而"志"除了反映历史事实之外，还适时地记录下当今时代的人物和事件。第二，"史"在形式上通常是以某一主题或思路为线索展开，反映的内容相对集中；"志"则比较全面地反映某一地区自然、政治、经济、文化和社会的历史与现状，其涵盖的内容相对要宽泛一些。第三，"史"通常比较鲜明地表达了编撰人的观点和情感，文章中多有一些评论或评述。在这方面，司马迁的《史记》可谓是开创了先例。故此，人们常有"史论"之说。而"志"主要是客观地记录下社会历史和现实，是一种资料性的文章体裁。当然，这并不是说"志"这种文体的撰写就是一种纯客观的事实记录，事实上，任何一部书都会反映出编撰者的主导思想。但是，作为与史书相对区别的一种文体，"志"更加注重以客观记录事实为主。校史与校志的异同亦如上文所述。不过，在现实的学校文化建设中，除了部分专业人员之外，人们已经很少就校志和校史这两种文体进行区分；而且，在一些专门的工作部门里，校志也已基本纳入校史研究和撰写的范畴。

2. 校史与校园文化

在校园文化中，校史是最为重要的内容，它是承载和表现校园文化的重要工具，也就是说，校史是校园文化的重要组成部分，也是校园文化的重要载体。校园文化建设离不开校史的助力，校史中蕴含十分丰富的内容，真实记载了学校的发展和建设历史，具有极高的教育价值。因此，对于校园文化建设而言，校史的开发和利用功能十分显著，在校园文化建设过程中发挥着不可替代的作用，挖掘校史的文化内涵是建设校园文化的重要路径。校史中蕴藏着深厚的校园文化内容，而校园文化是学校开展学生教育的重要内容之一，校史能够通过展现历史，承载校园文化传统，将真实的、感人的学校历程呈现在学生眼前，从而起到教育作用。

一所学校的历史就是一部史书，其中记载了不同时期的校园文化风貌，展现了学校的学术传统和学校精神，也让现在的学子们能通过研读校史继承学校的传统和精神。由此可见，学校的发展也是对学校历史文化进程传承和创新的过程。校园文化于学校的历史传统中形成，也将在延续学校历史的过程中得到延伸。因此，学校想要弘扬自己的传统，传承校园文化，就必须回归校史，从校史中寻找校园文化发展和创新的源泉。

3. 校史与校史文化

校史文化蕴藏于校史当中，校史文化建设以校史为基础。校史文化是学校在历史发展实践当中逐渐形成并始终坚持的学校传统、学校精神和学校文化。校史文化包含许多内容，如教风学风、校风校训、师德师风、办学特色和理念等。学校精神在校史文化中的意义十分重大，它是学校文化延续发展的动力，是学校先进文化诞生、发展和创新的基石，也是校史文化的核心。

校史文化与校史的含义并不相同，校史文化更侧重于文化，在这一概念中，校史只是文化的限定范围。校史文化的涵盖范围要远远大于校史。而校史的概念则更侧重于对学校历史的真实记载。以校史为载体呈现的校园文化就是校史文化，以校史为依托，面向在校学生的校园文化建设活动就是校史文化建设。由此可见校史文化的内涵要远远大于校史。

二、校史的内容

从字面上进行理解，校史就是学校的发展历史，是对学校从创建起始、经历发展和变迁的全过程，以及其中发生的重大事件和相关人物的记载。学校的办学经验、发展经历，以及在经历中形成的智慧都沉淀在校史当中，因此，校史也是学校精神、学校风格和学校特色的体现，是学校在不断发展的历史当中所形成的所有的精神财富和物质财富。校史真实记录了学校发展的轨迹，对于学校而言它是宝贵的资源，更是值得珍惜的文化。从校史当中人们能看到学校的传统和文化，能领略大师和优秀校友的风采，能欣赏前人的伟大成就，因此，校史也是学校联系校友、沟通兄弟院校、向社会各界展现精神风采的通道，它能为学校的管理和发展提供思路和借鉴。

校史的主要内容有学校的办学理念、学校精神、办学特色、学校定位、教育指导思想等，具体表现为校名、校徽、校训、校歌以及学校历史中的先进人物和事迹、学校重大历史事件以及学校的重要成就等。不同的学校有着不同的发展历史轨迹，因此也形成了独具特色的校史内容。一般而言，校史主要包括以下五项内容。

（一）历史发展沿革

在我国众多的学校当中，有创立于清末民初的历史悠久的百年古校，有诞生于民国的新式学堂，也有中华人民共和国成立之初经过整合重组而成立的学校，更有此后逐渐成立的各种不同等级、不同类型的学校。无论是哪一种学校，都与国家的兴衰命运相连。一所学校不论历史长短，不论分属哪类，都有其创建历史，都有其奋斗发展的目标，因此，学校的发展历程是学校校史中最为基础的内容。学校应当对自己的发展历史进行细致的考察和梳理，对自己的办学初衷和办学理念进行深刻的认知学习，对校名更迭、校址变迁、重要的人事任免等历史进行详细准确的记录，全面厘清自己的历史发展沿革。

（二）核心办学精神

如果将学校的历史沿革比喻成校史的"形"，那么核心办学精神就是校史的"神"。在当前社会各界都重视文化建设的背景下，学校也对精神文化建设越来越重视。许多学校都十分重视学校精神文化的培育和凝练，将历史传统文化和发展愿景等内容纳入校园精神文化建设体系当中。在校史中，核心办学精神是十分重要的内容，它诞生于学校成立之初，并在历史发展过程中不断得到延续和印证。学校的核心办学精神渗透在学校的精神文化体系当中，具体表现为学校的办学理念、核心精神、校歌、校训、校风等。核心办学精神是学校崇高的理想和长期以来的办学追求，也是学校师生成长和发展的重要引导思想和规范。

（三）主要成就经验

学校的办学质量和声誉体现在学校的人才培养、科研、服务社会和文化传承与发展等方面的成就上。具体而言，学校的发展成就包括学校中能够列入国家级、省部级重点项目的教育、科研成就，重点学科建设，高层次人才队伍建设、高素质人才培养等方面的内容，将学校的办学成就纳入校史当中并引导师生进行学习，可以激励在校师生积极进取，培养师生的学校荣誉感和使命感，让学校发展充满动力。学校的办学经验则是学校取得重大成就和突破的过程中所采用的方法与政策等，办学经验对于校史的意义在于能为学校后续的发展和管理提供经验借鉴，为学校的管理创新提供思路，为学校的前进指明方向。

（四）重要人物典故

学校的发展离不开广大师生的共同参与和贡献，无论是教师、学生还是学校的管理者、服务者，都为学校的发展贡献了自己的力量，推动了学校历史的发展。因此，对于学校发展历程中做出重大贡献的人及其事迹，学校应当将其纳入校史当中。例如建校者及其在学校创建时期的付出与努力、学校历届领导及其在学校发展中的措施与思路、学校名师的教育方式与思想、杰出校友的成就与对母校的反哺等。此外，领导和重要宾客来访的事迹及其对学校的评价和期许、学校标志性建筑及其相关的人物事迹、历届学生的重大活动和成就等都是校史中的重要内容。

（五）基本办学传统

学校的办学传统具体表现在以下几个方面：学校实施的章程、持续性的主题活动以及学校的规章制度体系。其中学校的规章制度还可细分为对教师的管理制度、对学生的管理制度、对学校干部的管理与服务制度等。这些内容共同构成了学校的组织文化，对学校师生有潜移默化的影响作用。此外，办学传统也能体现在一些约定俗成的规矩上，例如学校的升旗仪式、校庆主题活动、开学和毕业典礼等。这些内容能让师生感受到学校的文化活动传统，使其积极参与校园活动建设，从而引导师生传承校园历史，共同推动学校建设发展。

三、校史的功能

（一）校史的服务功能

校史作为学校的一种主体性文化产品，它对于学校组织的服务功能主要体现在"资政"和对外交流与宣传两个方面。

首先，校史对于学校教育具有"资政"功能，过去学校建设和发展的历史是当今学校教育的一面镜子，以史为镜，通过对校史的解读和研究，人们能对学校的历史全貌有一个整体上的认识与把握，以形成对学校校情的正确判断和科学认识。学校教育工作者，特别是那些主政学校的领导人，他们如果不能全面地了解自己所在学校的历史沿革和发展轨迹，就很难说是一名清醒、自觉的教育工作者和学校领导人，他们也很难就学校今后的建设与发展作出科学的可持续发展的决策。通过对校史的解读和研究，人们能在前人办学的成败得失、经验教训中获得感悟和教益。在历史的长河中，常常会出现某些有着惊人的相似的事件、现象，今天的人们总是会自觉、不自觉地重复着"昨天的故事"。这是因为人类各个层面的实践活动总是有着其特定的规律性，尽管时空变换，作为事物发展的客观规律仍然在发挥作用。这也是历史学作为人类社会科学的特殊的地位与作用之所在。一所学校的人们，从过去的办学历程中观得失成败、学经验教训会感到更为亲切，也更为容易。特别是校史文献中总结和归纳出的办学经验、传统和教育理念，是当下学校教育的宝贵资源，其中有许多是可以直接为今天的人们所借鉴和继承的。校史的研究与编撰，当然不只是客观地记录下学校发展的轨迹，而是编撰人员对其的科学认识和再创造的过程，主要体现在对学校办学特色、规律的认识和把握上；也正因为如此，校史才具有了对现实的学校教育实践的指导和借鉴的功能。

其次，利用校史开展学校对外宣传与交流活动，是校史服务功能的又一体现。在近年来的中国学校教育史上，有一个为人们所广泛关注的热点问题与现象，那就是一些学校开始组织与校庆活动相关联的关于学校办学历史的追溯活动。这是一种正常的现象，一个学校组织对自己办学历史的追溯活动，标志着我国的学校教育开始从多层面走上正轨。但是，在这一热潮中，难免会有一些鱼龙混杂的现象，有些学校为了提高自身的地位和声誉，不惜歪曲历史，将学校的办学历史任意地前移，造成了不良社会影响。为此教育部曾颁布关于校史和校庆问题的通知，针对这方面的一些不良倾向进行了规制。校史追溯中出现的这些非正常的现象，也从一个侧面凸显了校史对于一所学校所具有的价值和功能。

（二）校史的教化功能

一部校史本质上就是学校文化的历史，它具有同时对学校组织成员以及社会各界人士进行教化的功能。校史的内涵重在"存史",即记录和保存学校建设与发展的历史。但是,记录历史只是一种载体,校史的意义和价值主要在于这些载体所蕴含的文化内涵。也就是说,研究、编撰和传播校史总是要反映学校所特有的历史面貌与发展沿革,但是这些活动的终极价值却不在于客观地反映出这样一些事实或概貌,而是重在向人们揭示蕴含在这些历史进程中的教育文化,并以此对当下以及今后的人们进行一种文化的教育与熏陶。

一部校史也是一部关于学校教育的"英雄史诗",一些好的校史文本通常都不是在那里刻板地、冷冰地记叙逝去的事,而是满怀崇敬、景仰之情追述前人的故事。发生在学校历史上的精英人物和具有重大历史意义的事件,以及学校建设与发展所取得的骄人业绩,本身就是一部英雄史诗和胜利凯歌,它充满着理想主义、英雄主义的光辉和情怀。一所学校的校史与一个国家、地区和民族的历史有着相同的意义,其中一个极其重要的功用和价值,就是唤起人们的理想主义和英雄主义的情感。西方学者在对组织文化问题进行研究时指出,英雄是组织文化的构成要素之一。崇尚英雄是人类社会文化中的一个普遍现象,几乎所有的民族和社会形态乃至组织机构,都会自觉地运用英雄的价值导向引领和激励人们的意识和行为。学校是人类精英荟萃的场域,千百年来,学校里上演过一幕又一幕人类文明的历史剧,涌现出了无数令人敬仰、可歌可泣的英才和英雄。发生在学校校园里的英雄故事中,既有人们在教育园地里谱写出的教书育人和献身学科研究的动人诗篇,也有立足校园面向社会上演的惊天地、泣鬼神的慷慨悲歌。

校史的文化价值及教化功能不只是体现在那些鲜活的历史事件和英雄人物上,也蕴含在学校的规制建设、办学举措和日常的教育教学工作之中。陈平原在其著作中这样论述:"风云激荡的思潮,必须落实为平淡无奇的体制,方能真正'开花、结果'——学术思想的演进以及文学艺术的承传,其实与教育体制密不可分。"[①] 这句话深刻揭示了校史文化和学校教育之间的本质联系,让人们真正认识到了校史的文化价值和教育功能。"放大来说,校史是教育史、学术史、文化史、思想史的一个重要交叉地带。"[②] 校史的研究和编写、校史的宣传与教育等工

---

① 陈平原.中国大学十讲 [M].上海:复旦大学出版社,2002.
② 汪洪亮.略论大学校史研究与编纂 [J].四川师范大学学报(社会科学版),2005(05):121-125.

作都要重视体现校史的丰富文化内涵，并挖掘其教育意义，发挥其教化功能，将校史身为学校主体性文化产品的价值和效应发挥出来，这样才能让校史不断传承下去。

第二节　校史文化

校史文化对于众多的学校来说，是一个巨大的文化实体，并以精彩纷呈的内涵与姿态万千的形态呈现在人们的面前。它之所以具有无穷的魅力和强烈的渗透力，是因为在这种文化中蕴涵着博大精深、广阔无涯的精神感知和力量泉源，不仅使身在学校的教职工、学生等人群感受到一种无法抗拒的浸染和熏陶，在整个社会中也是无处不在的。于是，客观理性地研究校史文化，既是发展和创新学校文化的必然结果，也是学校文化建设的参与者们为之努力与期待的目标。

一、校史文化的概念与本质

（一）校史文化的概念

校史是学校的文脉与历史所在，其形成离不开国家和民族的历史发展，因此，在校史当中既有十分丰富的时代内涵也有学校本身的特色，校史是学校发展过程中积淀而成的重要资源，也是学校灵魂和精神的寄托。相较于校园文化而言，校史文化的范围更窄，它是专指在校史中所体现出的校园文化。校史文化可以理解为学校在建校、发展过程中逐渐形成的具有学校特色的、能被学校所传承的历史文化体系。其中凝聚了学校在历史沿革中逐渐形成的学校精神和文化，体现了学校的办学理念和办学方针，展现了学校的文化底蕴。校史文化从学校创建的时刻起形成，并随着学校的不断发展而逐渐丰富，学校发展中的特殊事件、人物以及学校形成的制度都对校史文化产生了深刻影响，校史文化体现了一所学校与其他学校之间精神文化的本质区别。校史文化不仅是学校历史与发展所凝结的精华，也是激励学校师生积极建设学校、推动学校不断发展的动力源泉。

（二）校史文化的本质

所谓本质在哲学角度理解就是和现象相对的一个范畴，是从不断变化的现象中归纳出的恒定不变的特征。列宁认为"一般者即本质"。也就是说本质具有一般性，本质是事物的根本性特点。从这一角度而言，校史文化的本质就是文化。从哲学角度讲，文化的本质就是设定目的、改造对象的活动，是在社会生产条件限制下的人为了认识世界、改造世界所进行的自我生产活动，通俗来讲就是人的活动和成果。由此可见，校史文化的本质指的是学校全体师生的活动和成果，是展现学校师生活动成果的媒介工具，是一种客观存在的文化符号。具体而言，校史文化的本质可以从以下几个方面进行理解。

1. 见证学校历史与文化变迁的客观存在

校史文化本质上是一种客观存在的实体。无论是优秀的工作成就还是被证实不合适的建设举措和挫折经验，都是校史的客观组成，都将被记录在校史当中，人们可以选择性地遗忘它，但是无法美化或者抹去它，因此校史是不因人的意志发生更改的客观实体。不过可以肯定的是，校史文化在学校与社会不断磨合适应的过程中不但得到了传承和发展，还形成了一定的时代烙印。例如一所历史悠久、跨越了一个多世纪的学校，其校史文化就能依据我国历史的发展阶段进行时代划分。学校作为现代教育的重要施行机构，可以从社会发展的历程中敏锐地把握时代的文化脉搏，以自身的文化影响力对学校乃至社会的文化现象和观念进行引导，同时不断对产生的文化矛盾进行分析和审视，在或新或旧的价值观念中进行取舍，从而揭示校园价值观念的变革以及文化的变迁。从这一角度进行分析，校史文化因客观存在这一属性成了学校历史文化变迁的见证者。

2. 承载学校历史与价值观念的精神符号

在自然界中，动物因生存需要所进行的信息传递的行为只能被称作信号。人类则将这种信息通过符号的形式进行表达和传递。符号指的是社会成员之间共同约定的、能够代表固定信息的记号或者标识。符号作为一种特殊的人类印记需要满足两个基本条件：一是符号必须具有一定的意义，能通过形式的外化在人与人之间传达它的价值和意蕴；二是符号必须具备一定的物质实体，不能是抽象思辨的产物，它要是一种客观存在的，能被人类感知到的东西。"任何事情的发生都不是没有意图、没有预期的目的的，"①校史文化也是如此，自诞生之日起，校史文化就有一种与社会历史发展需要相适应的价值。从符号学的角度进行分析，校史文化的本质就是学校所有师生和其他人员共同约定而成的能够实现预期目的的一种记号或者标识，是校史文化的精神意蕴和客观存在形式的统一。

思想政治教育是面向人们传递思想和观念的过程，思想观念并不能凭空在人的头脑中生成，它需要人类通过视觉、听觉等感官形式将信息传递给大脑，进而由大脑分析形成。校史文化作为全校师生共同雕琢而成的文化精神系统，需要通过语言文字、图案、音乐、建筑等鲜明的符号形式记录和表现出来，使思想观念符号化。从世界的二元论观点出发，思想观念属于精神因素。因此，校史文化作为一种精神符号，就需要由具有社会主流价值观念的图像和象征符号共同组成，以传承校史文化故事，通过校史故事向学生传递思想观念，帮助学生养成良好的品德和习惯。

3. 传递历史文化与价值观念的媒介工具

如果将校史文化创造比作火车的运行，那么生产出火车这一工具并不是目的，让火车承载货物也不是最终目的，火车的运行加速了人类文明的发展和融合，让社会不断向前发展才是最终目的。对于校史文化而言，校史文化发展的最终目的并不是自身系统的完善、传承或者丰富校园文化。想要探寻校史文化发展的最终目的就必须从其创建者——历史的、发展着的人身上进行分析。校史文化之所以传承文化和价值观念，是为了让学校师生得到更好的教育和发展，也是为了更好地为社会服务。因此，学校不能在校史文化创建之后将其束之高阁，不闻不问，学校要将校史文化当成一种向师生传递文化和价值观念的育人工具和媒介，让其价值更好地得到实现。校史文化将学校的地理人文、教育教学、生活习惯等方面在历史和现实的交融间进行体现，形成了一个能在人之间、领域之间和系统之间便捷地进行信息传输的通道，因此，校史文化传递文化和价值观念的本质属性就体现出来了。从这一角度看，校史文化的本质兼具价值属性和工具属性，既是学校与师生之间的连接工具，同时也有着培养师生品格和观念、赢得社会大众认同、促进社会发展的重要价值。

---

① 马克思，恩格斯. 马克思恩格斯选集（第1卷）[M]. 中共中央马克思恩格斯列宁斯大林著作编译局，译. 北京：人民出版社，1995.

二、校史文化的载体

校史文化是文化、是精神，人们看不到、摸不着，建设与弘扬校史文化必须通过一定的载体才能表现出来，才能让人们体会和感受得到。为了弘扬校史文化，加强校园文化建设，我国各个不同学校结合每个学校的实际情况，利用自身存在的各种优势资源，通过不同载体，开展了形式各异、特色鲜明的校史文化建设。

每所学校的校史文化不仅是这所学校经年累月所形成的一种独特的办学思想、思维定式和行为方式，且具有独立个性的文化和精神；同时也囊括了这所学校兴建、发展的全部历史文化遗迹，如文字、图片、音像、器物、建筑等。这些文化精神与历史文化遗迹，既见证了学校发展的历史，表达了当年学校师生的一种文化情趣和文化思维，也是今天学校文化继承与发展的基础，是凝聚学校精神的原动力和教化育人的鲜活事例，是校史文化的重要载体。

总的看来，校史文化的载体可以归结为两大类，一个是物质载体，即利用物质表现形式，通过校史展馆、标志建筑、名人塑像、校史著作、徽章纪念币等有形的物质承担物来彰显校史文化，弘扬校史文化。另一个是精神载体，即利用精神表现形式，通过校风教风学风、师德师风、校训校歌、办学特色、治学理念等无形胜有形的精神产品来陶冶情操、滋润心田，进而使校史文化不断传承与发扬光大。

（一）校史文化的物质载体

校史文化的物质载体涉及方方面面，十分复杂，且内容庞大杂乱，不分巨细，形式多样无序，分布广泛零散。它不仅包括学校里典型的、具有纪念意义的建筑物，如古建筑群、校门牌坊、人物塑像、石雕石碑石壁、亭台楼阁、名人陵墓、小桥长廊、曲径小路、池塘树木等，同时还包括许多学校名人学者的私人物品或器具，例如书刊杂志、手稿信件、画作图片、笔墨砚台、家私物品等。通过对部分学校的调查了解，可以看到我国学校校史文化建设的物质载体主要有以下三种：一是校史展馆、标志建筑、校史资料等主要载体；二是校史文化纪念产品，如明信片、纪念信封、邮票、徽章、纪念币等辅助载体；三是校史文化网络宣传新载体，通过网络传播渠道弘扬校史文化。

1. 校史展馆

校史展馆，或被称为校史展览馆，是学校传承文化传统、弘扬校史文化的重要载体，是一个学校校史收藏、陈列、研究和开展教育活动的场所，同时又是积淀和创造校园文化的摇篮，是将学校长期历史积淀的各种档案资料整理提升为校史文化建设成果的重要平台。

校史展馆具有保存史料、见证历史、展示校史、树碑立传、歌功颂德、传承文化、教育学子等诸多功能。建设、开放校史展馆具有以下作用：一是陈列保存学校的编年史，使学生见证学校历史发展过程的荣辱史，展现学校办学过程中不同历史时期的整体风貌，为了解校史、研究校史提供宝贵资料；二是集中提炼学校创建、改革与发展的经验与教训，展示获得的社会荣誉与认可，凝练学校光荣传统、办学特色和学校精神；三是通过校史馆广泛开展校史教育，使校史馆成为学校对广大师生进行爱国、爱校、德育教育，提升师生人文素养，培养正确的世界观、人生观和价值观的重要基地，激励师生以学校发展为荣，凝聚力量，紧紧围绕学校发展而共同努力。

校史展馆的内容遴选根据学校发展历史和实际需要因校而异。但总的来说，应主要包括以下几个方面：一是历史沿革，记录学校发展的历史变革过程，学校名称的变化由来；二是发展历程，反映学校发展的不同历史阶段的重要历史事件；三是校史人物，介绍学校创建与改革发展过程中涌现出的影响学校发展、代表学校形象、对学校和社会做出巨大贡献的英雄模范人物；四是办学特色，明确学校通过长期历史发展积淀而成的具有鲜明特色的办学经验、做法和传统；五是社会反响，展示学校获得的主要奖励、社会荣誉、领导关怀和重要题词等；六是工作业绩，从不同角度全面展示学校在党的建设、思想政治、意识形态、学科建设、人才培养、校园发展、师资队伍、对外交流、社会服务等各个方面工作的主要成绩。

随着社会文化、科学技术的发展，特别是教育的高速发展，学校校史馆的数量越来越多，种类也越来越多样。中国校庆网依据校史馆较为具体的展陈主题、主要藏品、研究内容、教育活动的性质和特点等对校史馆进行分类阐述，概括出了校史馆的不同特色，将校史馆分为综合类校史馆和特定历史事件类校史馆。

综合类校史馆主要综合展现学校的历史，包括建校以来的建设和发展、校史上的重大事件和研究成果、著名校友等。国内比较有代表性的综合类校史馆包括北京大学校史馆、清华大学校史馆、上海交通大学校史馆、同济大学校史馆、四川大学校史馆（图 1-2-1）等。

图 1-2-1　四川大学校史馆

所谓特定历史事件类校史馆，指的是为纪念因战争或者中华人民共和国成立后院系调整等原因产生的某种重大历史事件或者人物而兴建的校史馆。它是一种具有特殊属性的校史馆，其特殊性主要有以下几个方面。第一，这种校史馆的主题和展示内容具有一定的局限性，多是为了展示战争年代和物资匮乏年代人民艰苦的生活和不屈的奋斗精神，以此激励现代的年轻人自强不息，积极进取。第二，学校汇集了大量的人才，沉淀了大量知识，因此学校的发展往往与国家历史甚至世界发展的历程相关联，对国家发展和世界发展做出巨大贡献的前辈校友或者导师往往会留下大量手稿和遗迹，这些物质也具有十分宝贵的历史和文化价值。第三，与这类校史馆中展出的内容相关的院校多已在历史中消失或者与其他学校合并，这些校史馆的建设和维护依托于之后形成的新院校，因此形成了专题化的校史馆。综合以上分析可知，这些特定历史事件类的校史馆具有十分独特的校史研究意义和教育意义。我国的特定历史事件校史馆中具有代表性的有东南大学的吴健雄纪念馆（图 1-2-2）、云南师范大学的西南联大纪念馆、中山大学的孙中山纪念馆、西安交通大学的交大西迁历史纪念馆等。

图 1-2-2　吴健雄纪念馆

2. 标志建筑

百余年来，具有悠久办学历史的学校往往保留着许多优秀的、标志性的历史文化建筑。这些历史文化建筑成为校史文化的重要传承载体，对回忆学校历史、研究学校文化、挖掘人物事迹、弘扬校史文化和传承学校精神有着重要的意义。新时期，为了进一步弘扬校史文化，学校应当重视校风校训、校园精神、校史名人、历史建筑等内容与校园环境建设的融合，使学校的教学建筑、图书馆、绿化景观等展现出独特的学校特色，此外也要重视校史主题标志性建筑的建设，通过不同的建筑形式向师生输送校史知识，让校园环境建设与校史文化建设有机融合，丰富校园的文化气息，形成良好的校园文化氛围。

（1）人物建筑

校园里不乏标志性的人物建筑，一类是以知名人物命名的建筑；另一类则是知名人物的雕塑。它记录着这些人物背后的英雄事迹、卓越贡献，激励着一代又一代学校师生沿着他们的足迹不断进取、努力奋进、孜孜追求。

复旦大学校园内的相辉堂，就是以知名人物命名的建筑，是该校最具历史意义的建筑，是复旦人共同的精神家园。它得名于马相伯和李登辉两位先生的名字，永恒地记载着马相伯和李登辉两位先生的故事。马相伯是复旦大学的创始人，李登辉是复旦大学的重要建设者。相辉堂见证了复旦大学近一个世纪的风雨沧桑，见证着复旦大学的创建与发展。

在校园内建造的知名人物雕塑更是比比皆是。这些人物雕像有的是某一区域的标识，与该区域有紧密联系、深刻渊源和不解情结；有的是表现原创主题的需要，与学校精神要求相一致；有的以具体典故、传说为线索，以事迹纪念为题材，以人物写实为手法，反映学校的文化特征；有的是作为校园空间的装饰，营造自由、民主、科学等人性化环境。如四川师范大学的全国最大的孔子雕像（图1-2-3）、清华大学的闻一多塑像、北京大学的蔡元培雕塑、中山大学的孙中山雕像、南开大学的周恩来雕像、吉林大学的白求恩雕像、湖南大学的毛泽东雕像等。

图1-2-3　四川师范大学孔子雕像

（2）古老校门

家家户户的门楼，既是家人的总甬道，又是主人的"门面"，直接反映着主人的社会地位、职业状况和经济水平。学校的校门，尤其是老校门同样是学校办学特色、学科层次和历史沿革的见证。古旧、朴素、端庄、充满故事的老校门，就像一位历经风雨、见多识广、学识渊博的老者，时时刻刻为从此走过的人讲述着学校的荣辱历史，评述着学校的功过人物，彰显着学校的辉煌发展。因此，历史悠久的学校一般都保留、重修、重建了自己的老校门，以彰显自己的办学历史。

而谈到"二校门"，则是指人们熟知的清华大学最早的主校门。这是清华园内最具代表性的标志性建筑之一，是清华大学的象征，全国各地的青少年路过此地都会情不自禁地驻足拍照留念。"二校门"指的是清华早期的主校门，建于1909年。后来清华校园进行扩建，校园围墙向外扩张，也建造了新的大门，也就是现在的西校门。之后，原本的主校门就被称为"二校门"。"二校门"是清华师生对学校第二个大门的简称，后来逐渐成了清华校园最早建设的主校门的特指称呼。"二校门"（图1-2-4）形似牌坊，由青砖白柱建成，古典而优雅，上面刻有曾出任清华学堂（清华大学前身）校长那桐手书的"清华园"三字。这座古老的校门历经风雨和岁月，一直矗立在清华校园的主干道上，见证了清华大学发展的每一段历史。这个古老校门俨然成为清华园的鲜明标志，成为百余年历史长河中清华人自强不息、厚德载物之精神的象征。

图1-2-4　清华大学"二校门"

（3）文化建筑

文化建筑，这里专门指的是校园内被注入学校文化内涵的、为学校教育教学服务的建筑物、建筑景观的统称，包括亭、台、楼、阁、轩、榭、廊等。这些文化建筑体现出学校的办学特色、教育理念、精神风貌、文化底蕴等校园风格，既是一种以校园文化内涵为主的满足广大师生的环境文化，又直接为广大师生学习、工作、生活、文化、娱乐、科技等活动提供服务，展示出学校的品位与气质、责任与使命、精神与价值，对学校开展环境育人、激励教师、教化学生、感悟师生、陶冶情操、催人奋进都具有重要意义。

例如，中国传统殿堂式建筑——武汉大学的老图书馆（图1-2-5），就被看作武汉大学的标志性建筑和精神象征。老图书馆充分体现了拥有上百余年办学历史的武汉大学的历史之感，它位于狮子山顶，是武汉大学的制高点。武汉大学的老图书馆始建于 1933 年 10 月，历时约两年，面积达到 4767 平方米，建筑呈"工"字形，主楼的前后两翼各有两座副楼，其建筑形式为中国传统殿堂风格，每个细节都精心雕琢，展现了我国宫殿式建筑的庄严和威武，而建筑内部充满了西式风格，其中可见西方风格的回廊、吊脚楼、落地玻璃等，完美地诠释了何为中西合璧。图书馆正门上方镶嵌了一个镂空的铁质老子全身画像，颂扬老子弘扬华夏文化的功德和治学与文献收藏的勤恳，画像两侧装饰有云纹图案，象征学子们刻苦学习，常伴书卷左右。

图 1-2-5　武汉大学老图书馆

再如，具有嘉庚风格的建南大礼堂是厦门大学的标志性校园建筑。建南楼群是 20 世纪 50 年代初由陈嘉庚先生的女婿李光前先生捐资、陈嘉庚先生督造的，包括建南大会堂、成义楼、成智楼、南安楼、南光楼五幢大楼，曾是厦大的标志性建筑群，1952 年开工，1954 年竣工。其中建南大会堂正面朝向大海，看上去非常气派，楼檐上雕砌的特大的张灯结彩、垂珠彩帘吉祥图案颇具中国文化特色。厦门大学的建筑大多是红色屋顶的现代建筑，在一片红色屋顶的映衬下，建南大礼堂古色古香，别具风韵。著名建筑大师陈从周在自己的文章里盛赞嘉庚建筑是近代建筑史上最为重要的建筑形式之一，应当如同对待宝贵的文物一般对其进行保护。①

---

① 郑宏 . 厦门大学文化的历史与解读 [M]. 厦门：厦门大学出版社，2010.

北京大学的钟亭也是北大校园的标志性建筑之一，到燕园参观或者散步的人们一定会被钟亭所吸引。钟亭是坐落于未名湖西岸的一座小山上的六角亭。钟亭所在的小土山具有极佳的地理位置，北面临湖，与翻尾鱼石相对；南边山脚是乾隆诗碑，不远处立着蔡元培像，两者之间有一条小径，直通未名湖边。钟亭里的钟也十分引人注目，钟体上刻着八卦图，用满汉两种文字刻着日期——"大清国丙申年捌月制"。大清国丙申年即公元 1896 年，到如今已有 120 多年历史，比北京大学的历史还要悠久。

（4）自然景观

山泉、湖泊、溪流都是大自然的杰作，清新自然，本无文化功能与作用，但置身于校园，与学校的文化融合起来，就有了生机、活力和灵魂，具有了十足的灵气和强大的生命力。

校园的自然景观影响着文化的发展，让人们享受自然乐趣的同时，也能得到学校文化的熏陶。随着学校历史越来越悠久，学校的师生校友也越来越赋予其自然景观以内涵，使自然景观充满神奇、阅历和底蕴，使其名气、灵气、影响力越来越大。进入景色美丽的学校，人们在感受校园自然景观之自然美的同时，更乐于畅谈与这些自然景观相关联的人和事，领略这些学校校园独特的历史、文化与功绩。这里不仅有着心旷神怡、如诗如画的美景，同时还充满浓郁的教育气息、学习氛围，让学生能够放飞理想，成就人生。

北京大学是《环球时报》环球网报道的我国唯一进入全球 15 所最美大学的一所大学。其校园又称燕园，在明清两代是著名的皇家园林，数百年来，其基本格局与神韵依然存在。校园风景如画，既有皇家园林的宏伟气度，又有江南山水的秀丽特色。著名的"一塔湖图"指的就是未名湖湖畔的景色。这里山环水抱，水光潋滟，湖泊相连，美丽的湖光塔影伴随着专家大师们的背影，正是燕园中最美的图画，确实令千千万万学子心仪不已，驻足忘返。未名湖畔（图 1-2-6）编织着多少莘莘学子的大学梦、成才梦。难怪作家李子迟在《永远看不够的未名湖》一文中写道："就是这么一片小水塘，仍让人永远看不够，也永远写不够，它的无穷魅力是来自人肉眼之外的""未名湖虽小，湖水虽浅，却依然灵气横溢，内涵博雅。湖光塔影中有遏抑不止的才情，荷塘月色里有丰厚静远的学养，它源远流长，继往开来，就像是中华五千年文明，汩汩滔滔，咆哮前行，又哪里看得够呢？唯其朴素而伟大，唯其沉静而伟大，唯其陈久而伟大，这就是未名湖之魂啊！"①

图 1-2-6　北京大学未名湖

武汉大学校园是中国较为著名的风景游览地，被称为中国最美丽的大学校园之一。武汉大学校园位于珞珈山旁，与东湖水相邻，学校建筑多为中西合璧的宫殿式建筑，古朴典雅，一眼望去巍峨壮观，是近现代我国大学校园建筑中最具审美艺术感的建筑群之一，堪称典范。珞珈山林木茂盛，山体错落有致，山间曲径通幽；东湖水烟波浩渺，湖光山色相互辉映。武汉大学中的樱花也十分有名，在校园中有许多与樱花相关的自然景点，如樱花大道、樱顶等。春天樱花盛开之际，无数游客从全国各地蜂拥而至，前来欣赏美丽的樱花。景色秀丽、风光旖旎的校园胜景令万千学子心驰神往，心潮澎湃。登上珞珈山，人们可以寻找周恩来、董必武指点江山的影子；模拟李四光、闻一多、李达激扬文字的神态；感受武大和而不同、求实创新的传统和科学精神。

3.校史资料

校史资料是指以学校建校以来各个历史阶段的校史为主要内容编撰形成的文字材料、口头资料、视频资料和网络资料等。这里主要指的是迄今形成的有较大历史价值的文字资料，如出版物、内部文字资料等。根据校史资料的形式和名称

---

① 王列平.透视 大学校史文化 [M].武汉：湖北人民出版社，2014.

可以将其分为以下四类：校史与校志类、年鉴与大事记类、人物传记类和纪实与记事类。

（1）校史与校志类

校史与校志都是学校重要的历史文献资料，是校史文化的重要组成部分，是学校党委、行政或校友会组织成立专门机构郑重其事编纂的史料，属于正规的史料记载。

校史即学校的历史，是对一所学校发展轨迹的历史记录，是记录学校建立、发展和变迁的过程的文献资料。由此可见，校史属于历史学，更注重对历史的呈现，在编写校史资料的过程中，工作者要史论结合，在记录历史历程和事件的基础上可以加入对历史事件和人物的分析和思考，提出自己的看法或者总结经验教训，尝试归纳历史发展规律，总之，校史要发挥存史、资政、育人的作用。编撰人员要想保证校史的全面性、科学性和系统性，就要将学校创建、发展和壮大的历程纳入，凸显其重要的节点和详细的脉络。校史是学校办学理念、学校特色和校园精神的重要体现，对加强学生校史文化教育、促进学校改革和发展具有重要意义。如，由西南联合大学北京校友会编著的《国立西南联合大学校史》就记录了由北京大学、清华大学、南开大学合并而成的西南联合大学从 1937 年至 1946 年的发展历史。在收集大量原始资料文献和历史图片的基础上，它集中紧凑地呈现了在抗日战争艰苦卓绝的岁月里，该校创造出世界一流大学的教育模式、维系着中华民族的文化血脉的流亡漂泊历程，讴歌了中国现代教育史和文化史的光辉事迹。清华大学著有《清华大学校史稿》、武汉大学著有《武汉大学校史（1893—1993）》、北京大学著有《北京大学校史（1898—1949）》、山东大学著有《山东大学百年史》，这些校史资料都对学校的发展轨迹做了记录。

校志是学校记述历史沿革、教育教学、人才培养、科学研究、党政管理、后勤改革、社会服务等各项内容的资料史书，是一所学校的百科全书。校志属于编撰学，重在编撰，使用记述文体，用资料、数字、事实反映学校的创建历史、成长历程和发展现状；通过多方搜集，然后整理、考核，分门别类地记载下来，资料真实可靠；不论证、不评论，不寓褒贬于记述之中。一部全面、准确、客观的校志是对广大师生进行社会主义、爱国主义和革命传统教育的生动教材，也为了解校情、研究校史、继承传统、以史为鉴提供了重要资料。如，清华大学著有《清华大学志（1911—2010）》、复旦大学著有《复旦大学百年志（1905—2005）》（套装上下卷）、对外经济贸易大学著有《对外经济贸易大学校志（2000—2010）》、南京师范大学著有《南京师范大学志（1902—1992）》，这些校志资料都真实、准确、客观地记述了每个大学的阶段发展历史。图是志的一种，在章学诚看来，"图象为无言之史，谱牒为无文之书，相辅而行，虽阙一而不可者也"[①]。我国校志资料中也有许多图志，例如《北京大学图史（1898—2008）》，这部图志中将珍藏于北京大学档案馆和校史馆中的近千幅珍贵图片收录，并为其撰写了相关文字说明，起到了用图画记录历史和解释历史的重要作用。北京大学自还被称作京师大学堂起所经历的种种历史记忆，都浓缩于这部历史画卷中。

（2）年鉴与大事记类

年鉴是以全面、系统、准确地记述上年度事物运动、发展状况为主要内容的资料性工具书。学校的年鉴汇集了学校上一年内的重要工作、文献和统计资料，是按年度连续出版的工具书。它是信息密集型的大型综合性年刊，集权威性、资料性、实用性于一体，具有资料权威、反应及时、连续出版、功能齐全的特点，具有资治、存史、发布信息、服务社会等多种功能。如《北京大学年鉴（2001）》以文章和条目为基本体裁，以特载、专文、北大概况、机构与干部、院系情况、教育教学与学科建设、科学研究与产业开发、管理与后勤保障、党建与思想政治工作、人物、北京大学党发校发文件、表彰与奖励、2000年毕业生、2000年大事记等为基本栏目，全面、系统、准确地记述了北京大学2000年度各项重要工作状况。

大事记就是通常所说的历史大事纪实，是指记载学校重要工作活动、重大事件的一种应用文体。作为一种公务文书，大事记忠实地记载着学校的重要工作活动和重大事件，可以为学校的工作总结、检查、汇报和统计等提供系统性、轮廓性的材料，具有史料价值，可以起到录以备查的作用。如《清华大学90年大事记》记述了清华大学不同的发展时期为解放接管与院系调整，多科性工业大学的建设与发展，建设综合型、研究型、开放式的一流大学所做出的重要努力。《厦门大学大事记（1991—2010）》按时间顺序，以大事记形式，记录了厦门大学1991—2010年间在教学、科研、人才培养、学科建设、社会服务和事业发展等方面发生

---

① 章学诚著，仓修良编注.文史通义新编新注[M].杭州：浙江古籍出版社，2005.

的重大事件及相关重要人物的活动，使人们对学校这 20 年间紧跟时代步伐、不断开拓创新和所取得的重大成就有了系统概要的了解，同时也为研究这段校史提供一个清晰的脉络和参考的材料。而《北京大学百周年纪念讲堂·大事记》则在网上以专题形式、按年度记录了崛起于北京大学百年校庆之际的"百周年纪念讲堂"，它以弘扬高雅艺术、繁荣校园文化、推进素质教育为己任，依托北大人文环境，传承厚重历史底蕴，是北京大学创建世界一流大学进程中展示形象的重大活动和重要事件的记录。

（3）人物传记类

人物传记属人物志，是通过对典型人物的生平、生活、精神等领域进行系统描述、介绍的一种文学作品形式。学校的人物传记就是描写、记述在学校创建与发展历程中做出突出贡献的人物的作品，利用较生动的情节和语言，刻画较鲜明的人物形象，它具有一定的艺术感染力，对学校办学历史、教育经验、教学理念和校史文化等方面的研究具有重要意义。

此处所指人物传记类的校史文化资料不仅包括真正意义上的、全面反映人物生平事迹的人物传记，如《王选传》，还包括具有励志色彩的人物故事资料，如《王选的世界》《王选的故事》《清华传奇》《清华英烈》；不仅包括撰写一个人物的人物传记，如《杨振宁传》，还包括撰写一群人物事迹的群体人物传记，如《清华人物志》；既包括学术专家、教授的传记，如《老交大名师》《交大老教授》，又包括学校管理工作者的传记，如《北京师范大学名人志校长篇》；既包括校园内的教育工作者的传记，又包括走出校门的优秀校友的传记，如《水木清华群星璀璨》《春风桃李：从交通大学走出的文化名人》。

如《王选传》一般的人物传记能够将学校历史中为学校做出重大贡献的、值得铭记的人物的人生经历、成就、思想精神、高尚品格等记录下来，展现学校先辈的辉煌人生；《清华传奇》这样的传记则将学校的知名学子、名师、传奇校友等人物的逸闻趣事记录下来，其叙述对象从国学宗师到文坛巨匠，再到军政人物或者科学泰斗、杏林大师，记录的故事也以轻松、趣味性的故事为主，让学生了解了这些传奇人物在学术之外的朴实而鲜活的人生。无论哪种人物传记都是对学校有名的专家、教授和领导的成长路径和工作成就的记载，起到了弘扬传统教育思想和优秀品德的作用，谱写了学校建设的光辉篇章，展示了我国教育事业取得的卓越贡献。

（4）纪实与记事类

纪实是指对学校发生的事情或事件所作的现实报道，记录现实与真实。记事是指学校创建以来所发生的重大事件的记录，关注学校发生的热点事件及其热点人物，通过对事件的描述、人物的描写记录学校的发展历程。

这一类材料以师生员工的个体回忆文章和口碑流传的诸多逸闻趣事为主，撰写的角度很广泛，内容不局限于校园内部和学校自身，而是包括学校创建与发展、学子的学校生活、重要专题工作、重大社会活动以及其他与学校有关的各类重大事件。《北大旧事》记录了发生在老北大的故事，主要是从京师大学堂到二十世纪三四十年代的北大人写的一些忆旧的篇章，只写人和事，不牵扯思想与意识形态。《北京大学纪事（1898—1997）》记叙了北京大学在1898—1997年间发生的重要事件，记录了学校的发展历程。《老北大宿舍纪事（1946—1952）：中老胡同三十二号》介绍了老北大宿舍里教授学者们的工作、生活，是那段时期中国高级知识分子最真实的剪影。《我的北大青春纪事》刊载了征集到的毕业文章的精华，用文字作为即将开始新生活者的青春纪念，也把作者的叮咛和建议留给他们关爱的后来人。《在巨人和圣地之间：毛泽东与北京大学》记述了伟人毛泽东在北京大学结识中国共产党的两位创始人，遇到人生的最大机遇的故事，这奠定了其今后在共产党中的领导地位，同时，介绍了毛泽东对北京大学的重要影响，由毛泽东亲笔题书的"北京大学"四个遒劲的大字，成为北大一道不可或缺的风景。《蔡元培与北京大学》追忆了蔡元培先生与北京大学之间的深厚情谊，阐述了其文化思想、精神品格、杰出贡献，讴歌了其对北大所做出的重大成就。《北京大学与五四运动》从五四运动前期着眼，讲述了北京大学在新文化运动、马克思主义的传播、五四运动、共产主义知识分子和早期马克思主义者在北大的成长、中国共产党的创立等方面的贡献。诸如此类的资料还有很多，涉及各学校的资料更是比比皆是，为校史文化的传播、研究提供了重要文献借鉴。

4. 校史文化纪念产品

校史文化纪念产品是弘扬校史文化的辅助载体，是校史文化的凝结，包含着学校的历史底蕴和文化精神的精华，越来越多的学校意识到其重要性，并开始将其作为校园文化建设的一部分。而且，愈来愈多的学校开始迎来 90 年、100 年、110 年校庆，借校庆之春风，一些校史文化纪念产品纷至沓来，发挥了宣传校史文化、扩大社会影响、提升学校形象的作用。

一般的纪念产品是将学校的名称、校徽、校训及学校标志性建筑和景观合理组合设计打造而成的，其商业性、文化性和艺术性达到完美的和谐统一。纪念产品种类繁多，形象设计各具特色，规格标准多种多样，有明信片、信封、信笺、邮票、徽章、纪念币、钢笔、台历、文化衫、竹木雕刻等。如图 1-2-7 所示，为《清华大学建校一百周年》纪念邮票。

图 1-2-7 《清华大学建校一百周年》纪念邮票

为了进一步集思广益，弘扬校史文化，许多学校借校庆之际，积极借鉴世界一流学校经验，开展校园文化纪念品开发工作。2014 年，北京大学举办以"设计我的北大"为主题的纪念品设计大赛，面向海内外北大校友征集作品，以呈现北大的历史、文化、精神、风物。大连理工大学出台《大连理工大学文化建设纲要（2012—2020 年）》，2012 年组建大连理工雅歌文化用品有限公司，发展校园文化产业，开发文化纪念产品，对营造良好文化氛围、弘扬学校优秀校史文化起到积极作用。同年，东南大学成立六朝松纪念品专营店，专门设计、开发、生产和销售文化纪念品，已有包括校名办公用品、校名纪念品、校名文化衫、工艺品等在内的 100 多种纪念品。2013 年，中国海洋大学迎来 90 周年校庆，学校成功举行以"永远的海大记忆"为主题的毕业纪念创意设计大赛，许多产品成功生产，反响不错。

5. 校史文化网络宣传新载体

随着信息技术的迅猛发展，网络已成为校史文化宣传崭新的、重要的、非常有活力的载体，对学校的文化建设影响越来越大，备受宣传工作者青睐。网络具有传播速度快、覆盖面广、信息形式多样、信息量大、查阅便捷、易于保存等方面的优势。网络，已成为广大师生、校友了解学校文化建设与发展的重要信息渠道。校园网已越来越成为对学生进行世界观、人生观、价值观引导的政治、思想、文化教育平台。

近年来，各学校积极投入网络宣传工作，促进了学校的文化建设与发展，推动了校史文化的宣传阵地创建与进程，网络上校史文化产品日益丰富。各个学校博大精深的校史文化内容成为网络文化建设的重要资源，优秀的校史文化的数字化、网络化传播得到快速发展，网上的图书馆、博物馆、校史馆、展览馆、纪录片、校史方面的电子资料等都取得日新月异的发展，网络校史文化建设体系迅速成长，逐步展示了网络宣传载体的重要作用和强大优势，不断满足广大师生员工、校友和网民的多形式、多层次、多方面的文化需求。

伴随多媒体技术的发展，网络文化载体将会展示更好的作品，发挥更好的作用。目前，网上已出现三维数字展馆，这些展馆采用三维仿真制作技术，配合语言解说、视频播放、背景音乐等多媒体技术，以 3D 虚拟展馆的形式，综合运用文字、图片、声像、视频、文献资料和链接等，呈现一个美轮美奂的网上展览平台。这种展馆将成为网上校史文化展馆的发展趋势，人们在展馆网页上通过小小鼠标的点击，就能随时、随地、随意漫游各个展厅，并且可以随意放大、旋转 360º 观看内容，给人身临其境、步入现实展馆的感受。

网上校史展馆栏目一般包括：展馆概况、动态报道、学校历史、校史人物、专题介绍、校史研究、办学特色、志愿服务、网上展厅等。如，网上北京大学校史馆设有动态报道、记忆北大、北大英杰、校史展览、参观服务、诚谢捐赠等栏目；网上清华大学校史馆设有动态信息、史海钩沉、人物春秋、文化传统、党史研究、专题展览等栏目；网上南京大学校史博物馆设有展馆导览、专题展览、校史教育、南大记忆、出版文创、史料征集等栏目；南开大学校史网设有校史要闻、重要公告、校史新论、校史专栏、校史文萃、特别策划等栏目；上海交通大学既建有校史网又建有校史博物馆网站，校史网设有影像交大、口述交大、校史文萃、交大党史、史志典籍等栏目，校史博物馆网站设有本馆概况、参观、展览、宣教、捐赠等栏目。

（二）校史文化的精神载体

精神载体是与物质载体相对而言的载体，二者既有区别，又有联系，相互贯通，相辅相成，共同营造形成校史文化建设的整体环境。相比起物质载体，有时精神载体更能发挥鼓舞、激励、团结、教育的功效，往往能够达到无形胜有形、润物细无声的教育作用。

精神载体蕴含着学校师生共同的价值观念、道德准则、办学思想和情感追求，是一个学校思想、个性、精神面貌的集中反映，构成学校生存与发展的精神层面，包括学校历史与当前所有成员的群体意识、精神风貌、价值取向、思维方式、师德师风、教风学风等。精神载体内含精神文化，在学校的办学历史过程中逐渐积淀而成，是由几十年、上百年来学校师生的品格、气质、生命力和创造力所共同孕育出来的。我国校史文化建设的精神载体主要有以下四类：一是校名、校徽、校旗与校歌及门匾题写；二是校训与学校精神；三是办学特色与办学理念；四是校风、教风与学风，包括学校章程、规章制度、师德师风要求、学生工作守则等内容。这既是校史文化的精神载体，也是校史文化的主要精髓和基本内涵。

1.校名、校徽、校旗与校歌

（1）校名与题写

①校名

校名就是一所学校的名称，是这所学校的名片和品牌。像每个公司、每个人一样，每所学校都希望有个符合自己特色、充满发展希望、饱含历史文化的名字。因此，校名的背后，都蕴含着学校名称的由来、历史的变迁、继往开来的向往等诸多校史文化之含义。如今，各学校还都有自己的英文名字，英文名字更是要求全面、准确、恰当的翻译，缩写也必须规范使用。

对于那些有着悠久办学历史、优秀办学经验的老学校来说，校名本身就是其数十年甚至上百年的办学历史的写照与展示。谈及"北京大学"四个字，人们必然会想到它的中国最高学府的身份，前身是成立于1898年的京师大学堂，是中国第一所国立综合性大学，是新文化运动的中心和五四运动的策源地，著名教育家蔡元培曾任北大校长等。说到复旦大学，人们会想到《尚书大传·虞夏传》中"日月光华，旦复旦兮"①的名句。提到浙江大学，人们自然而然想到它坐落于中国历史文化名城、风景旅游胜地杭州，还会想到它创立于1897年的前身求是书院，追忆起抗战期间在贵州遵义、湄潭等地七年的办学历史，联想到1998年同根同源的原浙江大学、杭州大学、浙江农业大学和浙江医科大学等四校合并组建新的浙江大学，这也是浙江大学迈上创建世界一流大学的新征程的开始。

②校名题写

校名的题写，本来只是汉字的书写、题字，是一门艺术，但在实际工作中谁来题、如何题，却隐藏着人情世故的学问，更象征着一所学校的面子和地位。因此学校非常重视校名的题写，许多学校是从已故名人、伟人手书中拼凑校名，制作校名匾额，如武汉大学、南京大学、兰州大学等校名题写采用了毛泽东字体；东南大学校名题写采用了王羲之字体；电子科技大学校名题写采用了郭沫若字体；厦门大学校名题写采用了鲁迅字体；中国人民大学校名题写采用了吴玉章字体；中山大学校名题写采用了孙中山字体；中南大学校名题写采用了王羲之字体。

校名题写往往表达出题写者对学校的重视，饱含着题写者与学校之间的情结，寄托着题写者对学校发展的厚望。1950年，毛泽东主席亲笔为北京大学题写校名（图1-2-8），这反映出伟人毛泽东与名校北京大学之间深深的不解情缘，而亲笔为湖南大学题写校名则向人们讲述了毛泽东拒绝湖南大学改名为毛泽东大学的要求，但为之题字的故事，"坚决执行党的决议，不得以领导人的名字命名"②。1988年，北京航空学院更名为北京航空航天大学，著名书法家、时任全国政协副主席的赵朴初先生应钱昌照老先生之邀为北航的校名题字，不仅充分彰显了中国书法的文化意蕴，更体现出中国人民政治协商会议第六、七届全国委员会副主席，中国国民党革命委员会中央副主席，曾任国民政府教育部常务次长，资源委员会委员长等职的钱昌照老先生心系祖国建设和教育事业的情怀。东北大学校名由张学良于1992年亲笔题写，这寄托着张学良老校长对东北大学的惦记和希冀，记录了其加快东北大学复名进程的事迹。

---

① 王闿运.尚书大传补注[M].上海：上海古籍出版社，1996.
② 孟红，许兴达.毛泽东为故乡学校题名记事[J].党史纵览，2013（12）：13-16.

图 1-2-8　北京大学题字匾额

（2）校徽

校徽是指学校徽章的简称，是一所学校或一名学生的身份象征和标志。其主要的原始目的是作为身份证件由学校师生佩戴，根据校徽的不同分辨人员隶属哪所院校，同时校徽也起到规范佩戴人员行为、传播校史文化、提高学校知名度、留存纪念的作用。

校徽的设计内容明确、突出重点、表达清楚、寓意深刻，一般是通过图案、色彩、文字来介绍学校名称、办学历史、办学性质、学科特点的，内容涉及学校中英文校名、校训、建校时间、代表性建筑等。如，北京大学校徽的图案中间是上下排列的两个篆字"北大"，其中"北"字构成背对背的两个侧立的人像，"大"字构成一个正面站立的人像，"北大"二字共同组成"三人成众"的整体形象，既介绍了北京大学的校名简称，又寓意北京大学始终坚持以人为本、挺起脊梁、肩负重任；外围上方是北京大学英文名称"PEKING UNIVERSITY"；外围下方是"1898"，表明北京大学建校于1898年，具有悠久办学历史；校徽整体颜色为特定色值的红色"北大红"（CMYK 色值为 C0M100Y100K45）。清华大学的校徽（图1-2-9）为三个同心圆构成的圆面，外环上端为从右向左的清华大学繁体的中文校名，下端为建校时间"1911"，中端为英文校名"TSINGHUA UNIVERSITY"，由建校时间"1911"将英文校名"TSINGHUA"和"UNIVERSITY"隔开；中环为清华大学校训"自强不息、厚德载物"字样；中心为五角星；校徽的颜色为紫色与白色，这分别代表着清华大学的校花紫荆花和丁香花。中国农业大学的校徽整体外形为盾形，代表坚固、稳重和持久，上部分有其中英文校名，盾形的锹和犁既展现了中国农业大学的特色，也体现了其人才培养观念和治学理念，从形态上也表现出顶天立地的思想；下部分是手绘的中国农业大学的校门以及 1905 的数字，表现了学校的起源，托举状的麦穗象征着中国农业大学肩负着农业发展的重任，麦穗和齿轮分别代表农业和工业两个学科，书本代表着知识和教育，图形形似飞翔的海鸥，寄托了学校腾飞发展的美好愿望；校徽的上部分象征着进取和开放，下部分则表现出了其办学宗旨；颜色为植物的色彩——绿色，体现农业特点，象征生机勃勃蓄势待发。河北农业大学的校徽呈圆形，由双圆环组成，外环内上方为河北农业大学中文名称，下方为英文名称"Agricultural University of Hebei"，里环内是河北农业大学建校之初校门造型和建校时间"1902"，展现该校悠久的办学历史，背景颜色为绿色，代表学校以农业为主。

图 1-2-9　清华大学校徽

　　校徽的形状以圆形居多，还有长条形、椭圆形、盾形、菱形、三角形等，其中长条形在 20 世纪 80 年代比较流行。过去，清华、北大的校徽都是三角形的，清华的"清"那三点水是三横，字是艺术字体；北京大学校徽曾是蔡元培请鲁迅先生设计的，1950 年毛泽东主席题写校名，才改为横条的。2007 年，北京大学在鲁迅先生设计的校徽图案基础上进行丰富和发展，推出修改后的北大校徽标识，标识形似瓦当，兼有篆刻风韵，显现出鲜明的中华传统文化特色。

20 世纪 80 年代之前，各学校师生都非常重视佩戴校徽，对校徽颇有感情。在他们的心目中，佩戴校徽是他们作为学生的自豪和荣耀，也是他们亮明身份与确定归属的象征和标志。如今，虽然学生已很少在服装上佩戴校徽，但校徽用得更加广泛，作用发挥更加明显。校徽已经被学校以图片、电子版形式广泛地运用到校史文化纪念产品、档案资料、教学课件、毕业论文、求职信、介绍信、文化建筑等设计与制作之中，学校的标志、师生的身份通过校徽仍然清晰可辨。

（3）校旗

国家、地区、部队都有自己的旗帜，每所学校也有自己的旗帜，即校旗。学校的校旗是代表学校的旗帜，与校徽一样，也是这所学校的象征与标志。

校旗一般选用长方形布匹制作而成，主要包含能够识别学校的基本元素，包括校名、校徽、校色等。因而，校旗涵盖了校名、校徽、校色的基本功能，具有展示学校身份、反映建校历史、体现学术特点、彰显办学特色、传播文化精神、扩大社会影响等十分重要的作用。如中国海洋大学的校旗采用的是蓝色，体现学校的海洋特点；东北林业大学的校旗采用的是绿色，体现学校的林业特点。

校旗使用具有严肃性，必须符合学校规范，主要用在学校举行隆重会议、重要外事活动或大型活动的仪式上。

学校的各学院，甚至各系根据需要制作有自己的院旗、系旗。在学校举行运动会入场仪式时，各学院的院旗起到了识别、引领、导向等作用，在为运动员摇旗呐喊时，还起到鼓劲、加油、助威等激励作用。

（4）校歌

歌曲与旗帜一样，国际上有国际歌，国家有国歌，军队有军歌，学校也有自己的歌曲——校歌。一般的学校都有自己的校歌。校歌是学校自己规定的歌唱学校、代表学校的歌曲。校歌是校史文化的重要组成部分，歌唱的内容是学校地域、办学历史、办学理念、办学特色、优秀传统、学校精神和时代发展的集中体现，是学校对外的形象展示与宣传，是学校对内的思想引领与传承。

校歌是学校的声音，是广大师生心底发出的心声，与校徽、校训、校旗等紧密联系，相得益彰。在学校迎新会议、毕业典礼、大型活动等场合，师生齐唱校歌，气势恢宏的歌声唱出学校的声音，对广大师生是莫大的激励与鼓舞。与佩戴校徽一样，目前学校对校歌重视程度相对较低，许多学生对校歌了解却不能熟唱，但其重要性仍不可小觑，在关键时刻与场合，校歌的作用不可替代。

2. 校训与学校精神

（1）校训

校训一词引自日本，早期《辞海》一书中没有对校训的解释。我国最早出现的对校训概念进行解释的书籍是 1930 年中华书局出版、由舒新城主编的《中华百科辞典》，其中的解释是："学校为训育之便利，选若干德育条目制成匾额，悬见于校中公见之地""目的在于使个人随时注意而实践之。"① 之后，1988 年出版的《汉语大词典》也对校训作出了解释："校训，即学校为了进行道德教育的方便，选择若干符合本校办学宗旨的醒目词语，作为学校全体人员的奋斗目标。"②

通过对部分学校的校训进行了解与分析，本书认为校训是指学校在长期的办学实践历程中，随着时代发展凝结而成的、由学校确定或名人名家建议的、符合学校办学特点的、被广大师生共同认可与努力遵循的基本行为准则与道德规范，是学校精神的凝结，是校史文化的精炼。

校训是校史文化的核心内容，既重点反映了学校的办学目标、教育理念、学科特点与学校精神，又集中体现了学校校风、教风、学风与师风师德。中国海洋大学的校训"海纳百川，取则行远"符合海洋学科的办学特点（图 1-2-10）；首都医科大学的校训"扶伤济世、敬德修业"体现了学校的医学学科特点；上海财经大学把"经济匡时"作为校训的内容，符合财经院校的学科特点；北京林业大学的校训"知山知水，树木树人"和北京舞蹈学院的校训"文舞相融、德艺双馨"也更能体现出学校的学科特点；师范类学校的校训体现出师范学科的办学特点，如北京师范大学、华东师范大学、东北师范大学、华南师范大学、辽宁师范大学等都把"为人师表"作为校训的内容。③

---

① 　舒新城. 中华百科辞典 [M]. 上海：中华书局，1930.

② 　汉语大词典编辑委员会，汉语大词典编纂处. 汉语大词典 [M]. 上海：汉语大词典出版社，1988.

③ 　王列平. 透视 大学校史文化 [M]. 武汉：湖北人民出版社，2014.

图 1-2-10 中国海洋大学校训石

校训不是学校建校之初就固有的，也不是必须有的，更不是一成不变的，它会随着时代的发展而发展。北京大学的前身京师大学堂办学方针为"中学为体，西学为用，中西并用，观其会通"；[①] 蔡元培担任北京大学校长后，其倡导的"思想自由，兼容并包"逐步成为北大的校训；国立北京大学期间校训为"博学、审问、慎思、明辨"；国立西南联合大学期间校训为"刚毅坚卓"；1998 年 5 月 4 日，北京大学百年校庆之际，江泽民题词："发扬北京大学爱国进步民主科学的优良传统，为振兴中华做出更大贡献"，从此，北京大学便以"爱国、进步、民主、科学"这八个大字作为校训，把"勤奋、严谨、求实、创新"作为北京大学精神。

（2）学校精神

学校精神是指学校在长期的办学历史过程中，适应时代发展要求，不断形成并升华的、体现学校文化内涵的精神文明建设成果，是校史文化精神内涵的总体概括与体现。

每所学校都有符合自己学校特质的学校精神，具有丰富的内涵。学校精神通过校训、校徽、校旗、校歌得到展示，通过校风、教风、学风和师德师风得到表现，通过学校服务社会与师生奉献社会而充分展现并不断得到丰富和提升。纵观各学校的校训，学校精神的具体内容主要包含民主、科学、创新、创造、批判、务实、崇德、奉献、勤奋、艰苦等。

---

①   施宣圆，王有为，丁凤麟. 中国文化辞典 [M]. 上海：上海社会科学院出版社，1987.

学校精神是学校宝贵的精神财富，是学校不竭的发展动力，是时代永恒的进步灵魂，对学校的生存与发展起着精神支柱的作用。下面介绍一下北大精神、清华精神与复旦精神。

①北大精神

北大精神最早为蔡元培提倡的构成北大生命线的"精神自由，兼容并包"精神。2014 年 9 月 3 日，教育部正式核准颁布《北京大学章程》，章程序言对北大精神作出全面概括，即"继承爱国、进步、民主、科学的光荣传统，弘扬勤奋、严谨、求实、创新的优良学风，秉承思想自由、兼容并包的学术精神"，体现了百余年来北大人立学、办学、求学、治学的价值追求。

②清华精神

早在 20 世纪 30 年代，朱自清就说过："清华的精神是实干。"[①] 清华精神的具体体现，一是耻不如人；二是讲究科学；三是重视实干。季羡林评价母校是"清新俊逸"[②]。这不仅仅指的是清华园的自然风光，更指的是清华精神。他的理解是永葆青春，永远充满生命活力，永远走向上的道路。原清华大学校长顾秉林在庆祝建校 100 周年大会上说："百年风雨，世纪沧桑，清华大学形成了独具特色的优良传统，积淀了弥足珍贵的精神财富。"[③] 清华大学的校训、校风和优秀的治学传统充分体现了一个民族的自觉性，反映了时代的特色风貌，展现了独特的清华精神。清华精神是清华大学发展和进步的内在动力源泉。

③复旦精神

复旦精神有十分丰富的精神内涵，包括其办学传统、学术理念以及其海纳百川的包容性思想和追求卓越的崇高理想。在王升洪看来，复旦精神是复旦大学全体师生在百年的奋斗历史中逐渐凝聚而成的对理想的追求和价值判断标准，是复旦大学的具有无限活力和发展潜力的灵魂，是历经百年历史积淀而成的独属于复旦大学的历史底蕴和精神特征。[④] 从崇尚科学、注重文艺、不谈教义的办学宗旨，

---

① 张明帅.东方顶级大学传奇 [M].北京：北京理工大学出版社，2012.

② 范国睿.学校管理的理论与实务 [M].上海：华东师范大学出版社，2003.

③ 顾秉林.在庆祝清华大学建校 100 周年大会上的发言 [J].清华大学教育研究,2011,32（03）:5-6.

④ 王生洪.复旦百年：精神与使命——在庆祝复旦大学建校一百周年大会上的演讲 [J].复旦教育论坛，2005（06）：9-10.

到牺牲与服务精神，从"博学而笃志，切问而近思"①的校训，到正谊明道的校训和为人民服务的办学宗旨，无不体现了复旦精神。百年历史中，复旦大学将自己的命运与民族的命运联系在一起，担负起民族兴亡的责任，逐渐形成了独具特色的精神传统。在我国近代风雨飘摇的历史中，不仅是复旦大学，许多建立于那个年代的学校都曾将民族兴亡当成自己的责任。进入新时代，学校应当如何发展，如何延续自己的传统，形成自己的学校精神，从复旦精神中也能得到一些启示：首先，学校应当致力于培养全面发展的、适应现代社会发展要求的人才，并将其当作长期发展的目标；其次，学校要践行学术独立、思想自由的学校精神建设理念，不断进行创新。

3. 办学特色与办学理念

办学特色是指学校在长期的办学过程中所表现出来的有别于其他学校的独特的办学风格、独到的办学理念以及在人才培养、教学研究、校园文化等方面的特色。办学理念是学校根据自身发展需求，结合自身办学特点制定的如何办学、办什么学、怎样办学的理念与思想，是学校办学的具体指导思想。所以说，学校的办学特色、办学理念也是校史文化的表象和载体，办学特色是办学理念的外在表现，办学理念是办学特色的重要组成部分。办学特色是学校的校训、学校精神、办学理念等的集中体现与聚焦结晶。

《国家中长期教育改革和发展规划纲要（2010—2020年）》指出，高等教育要优化结构办出特色，促进高校办出特色。②为此，学校必须合理定位，尽量克服同质化倾向，要适应国家和区域经济社会发展的需要，不断优化学科专业、类型、层次结构，促进多学科交叉和融合，形成各自的办学理念和风格，在不同层次、不同领域办出特色。

国家根据社会经济发展的需要，对学校的办学提出了基本的统一要求，各学校在此基础上要根据自身优势、结合自身特点，形成自己的办学特色。一所学校能否形成、如何形成自己的办学特色，与其长期坚持的办学理念、办学思想息息相关。一所学校的办学特色和办学理念是在学校历史的不断发展中形成的，校史文化的发展和传承对其产生了深刻的影响，以清华大学为例，清华大学的办学特

① 孔丘. 论语 [M]. 吴兆基，译. 成都：四川天地出版社，2020.
② 国家中长期教育改革和发展规划纲要（2010-2020年）[M]. 北京：人民出版社，2010.

34

色和办学理念以中华民族的优秀传统文化为土壤，伴随着清华大学的历史发展逐渐形成了现在的传统和办学精神。众多清华学者也对其办学理念的形成产生了重要影响，如国学大师王国维、陈寅恪、梁启超、赵元任等，清华学者们主张中西兼容、古今贯通和文理渗透的思想，这些思想也逐渐浸润了清华每一名学子的思想，进而对清华的发展产生影响。清华大学的校风校训被一代又一代的清华师生奉为治学和为人的追求，并得以传承和发扬。在我国近代发展历史中，清华师生的身影出现在每一个改变中国命运的历史事件和节点中，如五四运动、一二·九抗日救亡运动等，闻一多、朱自清等清华学者的事迹是清华师生革命精神的真实写照。解放之后，清华大学紧跟党的领导，坚持党的教育方针，以爱国、成才、奉献为中心思想，探索出了一条独具特色的教育教学发展路线，从而能够更好地将学校的办学特色和办学理念继续发扬下去。

4.校风、教风与学风

校风、教风与学风是校史文化在学校的现实表现与具体体现。校风是指一所学校的整体风气、风尚，即广大师生在学校办学目标的指引下，通过长期共同实践而形成的工作、学习与生活等各个方面的精神风貌。校风既包括学校领导的工作魄力与气场、党政干部人员的工作作风，又包括教学、科研人员的教风与学术风气，还包括一代又一代学子们传承下来的学风。良好的校风是学校赢得社会声誉、家长认可、学生喜好的关键因素，具有传承性和稳定性。

校风主要通过教风、学风来体现。教风就是教师的教学风气与学术氛围，不仅包括教师的知识水平、学术高度，更包括教师的教学态度、教学风格与学术道德；不仅仅反映教师在课堂上如何教书，更反映出教师如何在思想上育人，如何培育德智体全面发展的人才。教风与师德师风息息相关，有了良好的师德师风，才会有良好的教风，教风是教师的师德师风的重要体现。学风就是学生的学习风气，是学生学习、生活、社会工作等各个方面的综合风貌，包括学习目的、学习习惯、学习态度、价值取向以及考风考纪等方面。学风通过一代代学子们得到传承与发扬。教风与学风相互影响，相互制约，良好的教风带动良好的学风的形成，与学风共同营造良好的校风，为学生成长、成才提供强大精神动力和环境支持，成为学校提高教育教学质量，培养合格人才的重要保证。

校风的产生受到一定的社会政治与经济影响。如，受五四运动的影响，由蔡元培先生主张的"思想自由，兼容并包"①不但成了北京大学的精神特质和文化标志，而且也成了引领中国现代大学教育的教育箴言和最为激动人心、彰显人气的口号。抗日战争时期，由于战争环境颇为艰苦，民族危机十分严重，于是西南联合大学形成了特有的爱国、民主、科学和刚毅坚卓的西南联大精神。

学校校风、教风与学风，是其在长期办学历程中，广大师生集体努力逐步形成的良好的风气、风貌、风范与风尚。良好校风、教风与学风的传承与发扬，需要一定的制度、规定进行保障，包括学校章程、规章制度、师德师风规范、学生工作守则等内容。学校章程一般要对学校办学方向、培养目标、治学理念、办学历史、办学传统、办学特色、学校精神等进行阐述，对学校标识、校名、校训、学风等进行诠释，对组织机构、人员使用、教育管理等进行规定。为实现各项工作制度化、规范化与科学化，学校及各部门要根据实际出台各项规章制度；为规范教师行为，倡导职业道德，学校要对教师提出师德师风规范；为规范学生行为，全面提高学生综合素质，学校要制定学生行为规范或行为准则。

第三节　校史文化的形成过程与特点

费尔巴哈有一句名言："人是人、文化、历史的产物。"②这说明，人是社会、文化和历史塑造的产物，通过社会、文化和历史的塑造，人可以成为有具体需要、能力、特性和本质的现实的人，成为具有规定性的人。换言之，人当然是历史发展的前提，但超越于动物的人则是历史发展的必然结果。所以，人类的历史是人类生存和发展的前提，人通过对自己历史的继承和反思将获得进一步发展与创新的本质力量。

校史文化是历史发展到一定阶段物化了的产物，它通过某种特殊的载体，不断凝聚和吸收前人有形和无形的精神产品以及创造出的物质力量，渐进演化成为一种独具特色的文化形态。而这种文化形态具有极强的生命力和传承性，历经时

---

① 布衣.民国校长[M].呼和浩特：远方出版社，2016.

② 恩格斯.路德维希·费尔巴哈和德国古典哲学的终结（第3版）[M].中共中央马克思恩格斯列宁斯大林著作编译局，译.北京：人民出版社，1997.

代的变更都不可能将其湮灭，犹如"涓涓源水，不壅不塞"①，当汇入时代潮流之后，便成为不断创新发展新文化的力量源泉。

一、校史文化的形成过程

（一）校史文化的形成因素

1. 校史文化形成的外界因素

（1）城市大批兴起

城市的大批兴起为学校的诞生提供了场所和坚实的物质基础。中世纪学校一般都产生于那些地理位置较为优越的城市，便于不同地域的人汇集在此。例如，波隆那大学所在的博洛尼亚便属于意大利北部与中部的交通枢纽，这就有利于不同文化在此的交流与沟通、碰撞与融合，并能为学校提供各种思想交流的机会。再如，巴黎大学所在地巴黎是当时法兰克王国的首都，这无疑在很大程度上推动了巴黎大学作为文化中心、学术中心的发展。

（2）市民阶层出现

市民阶层的出现使原有的贵族宫廷学校和骑士教育受到了极大的冲击。此外，当时社会上十分流行医学、法学、神学等职业，这也使广大市民阶层和相关著名学者共同提出了受教育的权利问题，并以此开办了现代学校教育。

2. 校史文化形成的内部因素

（1）教学目的、内容和方法的确立

确定了大学的教学目的、教学内容和教学方法，这就为学校教学活动的开展、选择传授什么知识，以及培养什么人才提供样板。从教学目的讲，社会的需求呈现多样性的特点，这就导致了不同学校的目标定位是不相同的，但大都以专业教育为主，培养相关领域的专业人才，比较典型的专业主要集中在法学、医学、神学方面。从教学内容来讲，虽然受当时文化和科学发展的限制，但教学内容还是以继承古希腊和古罗马的"七艺"为主，而此时的"七艺"内容却被赋予了较强的宗教色彩，与过去有了很大的不同。

---

① 荀况.用世之道 荀子详解 [M].郭庆祥，译.北京：东方出版社，2018.

此外，不同学校在专业学科方面也各具特色，有的偏向法学，有的偏向神学，有的偏向医学，甚至还有偏向美学和艺术类等专业。这也是中世纪学校区别以往学校的最大特点和对现代学校教育的历史贡献。在教学方法上，学校主要采取讲授法、问答法和辩论法。在教学过程中基本上由教师主导，学生没有太多参与教学的机会。

（2）学校理念的确立

学校理念的确立对于学校文化形成起了决定性的作用，以致随着时代的变迁，学校理念的核心依然存在，并继续影响着后来者的继承。中世纪学校自诞生后，有许多重要的理念直至今日仍被西方国家，乃至世界上的许多学校继承、沿用，并结合具体国情而创新。

①自治传统的建立

中世纪学校自诞生后，具有高度的自治权利，虽然教会和世俗统治者都试图对学校事务进行干涉和控制，但学校始终坚持内部事务由自己来解决。同时，学校还利用教会与世俗政权的矛盾，为自己争取到更多的特权。纵观中世纪不同国家和不同地区的学校，所享有的特权有以下几个方面。

一是学校享有内部设立法庭，管理实行自治的特权。而持有这一特权，则意味着学校通过设立法庭以解决内部法律纠纷，其管理实行自治不受地方政府干预和社会影响，学校成为一个具有独立性的机构。

二是学校师生享受免除赋税及服兵役的特权。中世纪法律规定，凡国家公民都具有纳税和服兵役的义务，但学校师生例外，不但可以减免赋税，还能免除兵役，属于社会上独立享有这两种特权的阶层。

三是学校教师具有参政权，并持有颁发特许证的权利。换言之，学校教师可以对政府各项政策发表意见，也可以参与当地各项政治事务。在教师资格认证方面，由学校认定资格证书，社会上的其他机构不得干涉。

四是学校有罢教和迁移自由的权力。由于中世纪社会最大的主宰力量是教会，而教会时常企图控制学校，因此学校与教会之间时常发生冲突。学校为了保持独立和自治经常选择罢教和迁移来对抗教会。例如，史上的巴黎大学就与当地教会发生冲突，致使一部分教师出走，重新创办了牛津大学。

②自治模式的选择

中世纪学校内部管理有两种自治模式，即学生自治和教师自治。所谓学生自治，是指在学校内部管理中，学生处于主导地位，由学生来管理学校内部事务。例如，意大利北部的波隆那大学在当时就是典型的学生自治。学生自治的内容包括：教师的聘任、学费数额的规定、学期的划定以及课程的时数等。同时，学生还有权对教师工作进行评价，甚至解聘教师。之所以会出现学生自治模式，这主要与该校学生年龄较大，并具有相当管理能力有关。而这种模式至今在南美洲的一些学校中还存在，但与过去的学校责任完全由学生承担有所不同。

所谓教师自治，是指在学校内部管理中，由教师特别是教授来全面主导，教师占据管理的主导地位，决定学校的一切事务，学生则没有权利和机会参与学校管理。这种教师自治模式以巴黎大学为典型代表，并在北欧一些国家盛行。此后，这种模式成为后来现代大学教授治校的先声。

由上可知校史文化的形成原因。首先，学校的产生是物质生产力发展到一定历史阶段的产物，它的出现不仅伴随着城市的不断新建，而且也代表着市民阶层的强烈要求，以及社会对人才需求的必然结果。其次，随着城市的不断新建，道路交通的改善，人们的思想文化交往日益增多。当人们普遍意识到了只有通过教育才能获取新的知识，而知识的扩充和提高需要在一种相互融合与碰撞下，才能有机地产生之时，这势必会催生人们的思想观念发生某种变革，学校教育模式应运而生，推动了社会文明的进步。最后，学校理念和相关制度的确立，为学校未来发展开辟了广阔的天地。学校文化具有很强的选择性、传承性、传播性和创造性，因此，学校文化一旦获得发展的时机，便犹如强大的洪流，随着时间的延续，母体文化将会不断地延伸、裂变、繁衍，创造出更多更新符合时代发展需要的文化，这也是学校在历史的演进中能不断积淀酝酿出校史文化的本质所在。

（二）校史文化的形成

"文化"一词，既是中国古已有之的概念，也是一个在近代吸收了外来意识，并被赋予新内涵的词汇。迄今为止，关于文化的定义，国内外学者的解释就不下百种。尽管人们对文化的解释歧见纷纭，但概括提炼后，可归纳为广义文化和狭义文化二说。

广义文化，是指人类劳动创造成果的总和，凡是超越本能的、人类有意识地作用于自然界和社会的一切活动，都属于广义文化，或者说，"自然的人化"，就是文化。文化的本质即是"人化"，它表明了人的进步和发展。马克思曾指出：文化是人类在"一定社会形态下的自由的精神生产"①。广义文化，是从人之所以为"人"的意义上立论的。由于人也是文化的产物，"人是聪明的文化动物"②，因此，随着文化的出现，"将动物的人变为创造的人、组织的人、思想的人、说话的人以及计划的人"③。于是，广义文化将人类社会的历史生活全部纳入了"文化"的范畴之中。

狭义文化，是指与特定的国家或民族的生产方式与生活方式相适应的，并以语言为符号进行传播的价值观和行为准则。由此可知，文化既是社会现象，也是历史现象；既是人类长期创造形成的产物，也是社会历史积淀的产物。更准确地说，文化的内涵包括一个国家或者一个民族的生活方式、传统习俗、风土人情、行为规范、价值观念等，也包括其地理、历史和文学艺术。

从人类创造文化历史进程看，自社会实现了三大分工之后，精神生产便逐渐从物质生产中剥离出来，成为创造社会财富的另一个重要手段。在人类社会的进程中，人们不仅需要获取大量的物质财富以维持生命的延续，同时也需要获取大量的精神财富以满足感官享受和愉悦。而精神财富的获取，一方面能推动物质生产的持续发展和不断创新；另一方面，人的意识是以"文化"形态来体验、领悟、充实和升华自己"精神世界"的，因此，"文化"既是人类以实践活动为基础进而从事物质再创造的力量源泉，同时也是人类以各种方式观察和认识世界，把握人类社会进程的结果。

为此，德国古典经济学家弗里德里希·李斯特认为，精神生产的主要作用是促进国家和民族的道德水平、宗教、文化和知识等方面的进步，保证国家和民族的自由权，完善政治制度，对于国家内部而言，要让民众的人身安全和财产安全得到保障，对于国际环境而言，要让国家保持独立自主。精神生产水平越高，物

---

① 马克思，恩格斯.马克思恩格斯全集（第26卷第1册）[M].中共中央马克思恩格斯列宁斯大林著作编译局，译.北京：人民出版社，1972.

② 墨菲.文化与社会人类引论[M].王卓君，吕迅基，译.北京：商务印书馆，1991.

③ 庄锡昌，顾晓鸣，顾云深.多维视野中的文化理论[M].杭州：浙江人民出版社，1987.

质生产的财富量就会越大。反过来，物质生产产生的物质越多，精神生产也就能同时获得发展。① 李斯特还对教育与精神的关系进行了分析和阐述，他认为，教育是继承、传授、传播"精神资本"的重要途径，它使人们掌握科学知识，是培养国家未来生产力的主要手段。而"各个国家现在的状况是在我们以前许多世代一切发现、发明、改进和努力等等累积的结果，也就是现代人类的精神资本"②。由此可见，学校的诞生是精神生产的必然产物，因为人只有通过系统的教育才能更好地掌握物质创造的技能，才能更加有效地继承和传播前人所创造出的文化，并以此为基础推动人类社会不断向前发展。

其实，人类自存在之日起，为了生存、繁衍和发展，便有了最早的原始教育活动，这时的教育内容主要包括五个方面：生产劳动技能教育；原始工艺技术教育；原始科学技术教育；生活习惯和方式的教育；原始宗教和民俗的教育。这说明，教育起源于原始人类为求得生存与发展而从事的生产劳动和社会生活。为此，恩格斯在《自然辩证法》一书中指出："劳动创造了人本身，同样，物质资料的生产既是人类生存和发展的基础，也是教育起源最根本的动力"。③

教育在中西方各国已存在数千年的历史。但是现代学校的出现与当时手工业得到较大发展，逐渐从农业中分化出来，形成专门职业有着很大的关系。手工业的不断发展使得一个独立的阶层逐渐形成，它推动了城市的出现和诞生，才导致新兴的市民阶层提出了教育方面的要求。现代学校教育的诞生，是人类社会物质文明和精神文明发展到一定历史程度的必然反映，学校作为一种教育体制的创新，对现代教育产生了巨大的历史影响。

随着学校的出现，学校文化应运而生。恩格斯认为事物的形成与发展，离不开事物内部运行轨迹和外部环境作用，当一事物向另一事物转换时，内部力量将发挥决定性的作用。④ 学校文化形成有时代的必然性，当生产力发展到一定的历

① 弗里德里希·李斯特.政治经济学的国民体系[M].陈万煦，译.北京：商务印书馆，2009.
② 弗里德里希·李斯特.政治经济学的国民体系[M].陈万煦，译.北京：商务印书馆，2009.
③ 恩格斯.自然辩证法[M].中共中央马克思恩格斯列宁斯大林著作编译局，译.北京：人民出版社，2018.
④ 马克思，恩格斯.马克思恩格斯选集（第2卷）[M].中共中央马克思恩格斯列宁斯大林著作编译局，译.北京：人民出版社，1995.

史阶段，随着物质基础的增长与社会需求的增加便成为催生学校教育诞生的基础，进而为学校文化的产生提供了必要的条件。

二、校史文化的特点

如前所述，学校的基本作用在于通过教育的方式，对文化进行选择、传承和创造，以促进文化与人的发展。因此，不论在哪一个历史时期，哪一个国家，学校教育都起着选择、传承、创造文化的作用。至于学校教育选择、传承、创造什么样的文化，这是由不同的历史时期、不同的社会、不同人的教育价值观所决定的。

马克思主义认为文化包含人类的思想意识、价值观念以及人类社会形成的社会文化心理，因此文化的形成和发展受人类生产方式的影响，尤其受人类生产力水平的限制。[①] 为此，毛泽东指出："一定的文化是一定社会的政治和经济在观念上的反映。"[②] 文化既然是经济水平和政治观念的反映，就必然受其影响，因此具有被动性的一面。此外，文化也有相对于经济和政治独立的一面。从历史发展的角度进行分析，在某些历史时期，文化也会表现出与当时经济和政治状况不平衡的一面，甚至表现出极为明显的不一致性。例如我国古代的敦煌艺术文化产生的经济背景与现代相差很多，但是敦煌艺术文化具有十分巧妙的构思方式和非凡的想象创造力，通过特殊的艺术形式对自然和社会形态进行加工，至今都能带给人们精湛无比的艺术美感享受。再如，罗马中世纪的生产力和经济制度也无法与现代相比拟，但却产生了罗马法典这样划时代的法律文献，以至于对后来欧洲许多国家的法律都产生了深远的影响。不仅如此，中国春秋战国时期所产生的儒家思想和学说，时至今日仍闪烁着智慧的光芒，以至于生活在现代社会中的学者们也时常发出这样的感叹："如果人类要在 21 世纪生存下来，必须回过头到两千五百年前汲取孔子的智慧。"[③] 这说明，尽管相对于古代而言，人类文明已经进入了高速发展的阶段，形成了与古代完全不同的社会文化形态，人类社会的生产力和物质基础已经发生了翻天覆地的变化，但是诞生于落后社会和经济条件下的思想和意识对于今人而言依然散发着独特的魅力。

① 张应强. 文化视野中的高等教育 [M]. 南京：南京师范大学出版社，1999.
② 毛泽东. 毛泽东选集文集（套 4 册）[M]. 北京：人民出版社，1991.
③ 李锁华. 发掘中国传统文化的精神资源 [N]. 人民日报，1995-6-30（11）.

对于这个特殊现象，马克思认为虽然伦理、哲学、政治、法律、文学、艺术等精神文化元素产生的条件基础是物质生产水平和经济制度发展，但是人们不能单纯地将它们按照在历史上所起作用的先后进行排序，这是一种不科学甚至错误的方式。[①] 精神文化的发展和人类理念的更新不是由合乎自然顺序或者历史发展规律的物质或经济发展所决定的，而是人类社会中错综复杂的相互关系决定的。

综上所述，文化的相对独立性体现在文化传统上。而文化传统是在长期的历史发展中形成的民族文化的一种文化心理模式或类型，它诞生于过去，并随着历史和文化的发展不断与现实融合，逐渐形成了未来文化意识发展的趋势。因此，虽然文化传统会随着社会的发展而不断变化，从现实中吸收新元素，摒弃陈旧的成分，但是这种变化是缓慢的、连续的、渐进的变化，并不会产生飞跃或者突变。

校史文化既是学校传统文化的继承，也是吸纳和创新学校文化的基础。随着时代的进步和发展，学校文化的容量在不断地扩充、膨胀，使之更加符合现实需要。因此，在学校文化传承中，学校教职工和学生们作为文化的创造者，也都是深植于传统文化的土壤之中来创新文化的，即一方面使传统文化转化为现实生活的一部分；另一方面则使传统文化得到改造并提升到更高水平。所以，当人们在吸收传统文化，在其基础上创造新文化的时候，传统文化所折射出来的主要特征，成了文化继承者必须研究的对象。对于校史文化来讲，其主要特征有五个方面。

（一）具有鲜明的时代印记

马克思在论述生产力发展时指出："人们不能自由选择自己的生产力——这是他们全部历史的基础，因为任何生产力都是一种既得力量，以往活动的产物。"[②] 同样如此，学校的人员对于校史文化的继承没有任何选择余地，这既是学校全部历史的基础，也是学校以往活动的历史产物。既然校史文化是学校以往活动的历史产物，也就必然烙上时代印记，这一方面表明学校文化的历史演进与不同时代

---

① 　马克思，恩格斯. 马克思恩格斯选集（第 2 卷）[M]. 中共中央马克思恩格斯列宁斯大林著作编译局，译. 北京：人民出版社，1995.

② 　马克思，恩格斯. 马克思恩格斯选集（第 4 卷）[M]. 中共中央马克思恩格斯列宁斯大林著作编译局，译. 北京：人民出版社，1972.

有着密切的关联，是随着社会的发展而发展的，并成为不断创新文化的基础；另一方面则阐述了学校文化的形成与积淀嬗变的全过程，引导人们对所继承的历史文化进行必要的选择与思考，从中受到有益的教育和历史启迪。

其实，从校史文化形成的过程来看，时代印记只是事物的客观反映，校园并不是世外桃源，社会上所发生的任何巨变都将对学校文化的进程产生持久而深刻的影响。例如，欧洲文艺复兴时期的人文主义进入大学校园，使教育开始注重对人性的关怀，这不仅突出了人在教育中的地位，并且通过对人的全面培养，使之成为能积极从事社会、政治、文化和工商业各种活动的实际活动家。而人文主义教育与那些只注重宗教教条、不允许了解现实生活，只会死记硬背教会法规、不许独立思考的教育相比，具有极大的优越性，从根本上改变了学校教育中的陈旧观念，成为近代欧洲学校教育内容体系的重要组成部分。

再如，中国新文化运动从批判中国封建传统文化入手，进而掀起了一场反对封建思想意识和文化的浪潮。而这场运动既是全面的文化转型运动，也是空前的思想大解放运动，以至于对当时中国的政治、思想、伦理、观念、文化、教育等方面都产生了极为深刻的影响。故此，如果没有新文化运动的影响，北京大学也就不可能成为五四运动的先锋，也很难成为传播科学和民主的坚强堡垒。

正因为如此，时代印记是构成贯穿校史文化的一条主线，通过了解不同时代校史文化，人们既可得知历史上学校教职工与学生的精神生产、制度行为、物质基础以及校园风貌、社会环境的具体变化，同时也能领略不同时代学校文化发展所带来的教育进步和科学发展，透视社会历史的巨大变迁，从而起到为创新文化的基本规律和方法提供借鉴，推动学校文化可持续发展的作用。

（二）蕴藏丰富的思想内涵

学校不仅是精神文化传播、传承和传扬的重要场所，也是精神文化产生的重要场所。学校对精神文化的传承、传播和辐射通过学校开展的教育活动实现，对精神文化的生产则需要不断进行钻研、探索、发明和创造才能实现。在校史文化形成过程中，精神文化广泛吸纳了不同的内容，蕴含了十分丰富的思想内涵，因此成了校史文化的精华和灵魂。校史文化中的精神内容丰富，包含了学校精神、教育理念、学术思想等抽象的思想内容，也涵盖了校园伦理、校园制度、社团活动等将精神理念进行物化产生的产品。

　　两者的有机结合使得校史文化极具思想性、传承性和辐射性。在其中，学校精神无疑引领了学校文化发展的方向。所谓"学校精神"，是学校所有成员共同创造的，并在长期发展中积淀而成的一种精神状态，即学校所有成员所追求的价值观和信仰目标，这对于后继者来说将产生极为重要的影响，使之受到潜移默化的浸染和熏陶。这种精神状态其本质主要体现在三个方面。

　　1. 创造精神

　　对文化的继承不能仅仅依靠遗传，而是要通过传递的方式使其不断发展下去。教育是人类传递和保护文化的主要方式，但是学校教育不是机械地传递文化，而是要对文化进行筛选和整理，之后再传递给他人。因此，对文化中的价值观念和价值取向进行更新，改变人们的思维方式，让文化在传递的过程中进行再生和发展，成了学校师生创造精神的具体展现。

　　2. 批判精神

　　与社会其他组织结构相比，学校的自身优势在于，它是一个对人类文化遗产进行继承和创新的场所，在校园中汇集了不同民族、不同国家产生和积累的知识，知识容量巨大，同时学校也是汇集了不同的价值理念和学术思想的场所。因此，通过各种思想观念的碰撞，学术交流的相互影响，学校已成为极易产生新思想、新观念，并将探索真理作为追求最高价值目标来实现的重要场所。于是，反思与批判性便成为学校成员认识客观世界，正确对待和继承人类文化遗产的一种精神状态。

　　3. 社会关怀精神

　　社会发展到一定阶段，学校教育就必然会产生，学校教育也是社会需要产生和发展的首要推动力。学校在社会建设和发展中的作用十分重要，一方面，学校为社会培养发展所需的高质量人才，为社会提供重要的生产要素；另一方面，学校通过科学研究为社会提供大量的高科技新技术和人文精神文化产品，以此推动社会文明进步。因此，社会关怀精神便成为学校精神中不可或缺的重要内容，而推动社会文明进步便成为学校师生的奋斗理想。

　　（三）塑造众多的人物形象

　　校史文化属于人文史，记录的是以人为主体的文化和人类的共同发展史。其中人与文化之间有着难以分割的关系，一方面，人类通过文化继承培养具有文化创新能力的人才；另一方面，文化随着人类的相关活动产生裂变，衍生出新的文化，如此循环往复，便形成了人与文化共同发展推动社会文明进步的历史。在此过程中，人处于第一位并占据主动性。当人们创造出新的文化之后，文化反之会影响人的思想进程，不断推动社会的变革与更新。

故此，校史文化通过人的具体表现反映文化的存在、发展与变化，这种情形在古今中外著名大学里都表现得十分突出，它不仅培养出了一大批创新文化的人才，也促使文化产生裂变，繁衍出新的文化。例如，德国的柏林洪堡大学就诞生了一大批著名的人物，哲学家黑格尔、费尔巴哈，物理学家爱因斯坦、赫兹，共产主义创始人马克思、恩格斯，文学家格林兄弟，诗人海涅等。所以，当人们在谈论英国剑桥大学时，不得不提及物理学之父牛顿的事迹；在谈论法国巴黎大学时，不能不论及著名化学家居里夫人的故事；而在讲述北京大学校史文化时，又怎能不涉及蔡元培、陈独秀、李大钊、胡适等众多优秀人物的传奇事迹，他们不仅建构起了各自学校校史文化基础，还将自己名字镌刻在人类文化发展史的里程碑上，使之永存。

校史文化既然是人文发展史，那么，反映人在创造文化的全部活动过程，就成了校史文化的主题。校史文化通过塑造众多的人物形象，有效地彰显文化所散发出来的无穷魅力，使后继者有了进一步发展并创新文化的历史积淀。正因为如此，当人们在讲述校史文化时，不是抽象的、一般性地讲述文化，而是讲述人在创造文化中的全部活动；当人们在评价校史文化时，也不是简单地评价文化的裂变与繁衍，而是通过人的创新活动促使文化产生裂变与繁衍；当论及文化对人们所产生的影响时，则具体呈现出人与文化之间所产生的矛盾，继而表现出人在创造新文化时的思想观念所导致社会文明的进步与更新。所以，校史文化正是通过塑造众多的人物形象，从不同角度叙述人类社会文化发展的文明史，为文化创新奠定了基础。

（四）贯穿纷繁的历史事件

校史文化是一种客观存在，反映了客观事物的发展规律和发展历史，因此必然受到内在和外在因素的制约和影响。因此学校历史中纷繁的历史事件不仅贯穿了学校历史文化的发展和形成过程，也成了影响校史文化发展的重要因素。学校的诞生是社会发展的需要，因此社会和时代也必然会对学校产生影响。也就是说，校史文化反映了社会教育发展史，是教育发展产生的文化印记，是对学校文化发展过程的记录，而围绕学校和学校师生发生的历史事件就成了文化创新发展的动力，它推动校史文化向前发展。

因此，社会上的任何一次变革都必将导致学校文化新成果的诞生，而学校内部的任何一次创新文化，或多或少也将对社会产生应有的影响。两者的互动结果，共同构建起了校史文化的基础。例如，欧洲的文艺复兴运动，就直接影响了学校教育理念和精神文化的变革，使人文科学和自然科学在学校中得到了承认和确立，这为近代科学的诞生和学校制度的改革奠定了思想基础和人才基础。而1893年英国伦敦大学在教育体制领域内引发的一场革命，改革了有关宗教课程，其不受宗教信仰的限制招收其他学生的举动，即刻引发了社会上有关宗教问题的一场大讨论，使人们对宗教问题有了新的认识，致使19世纪中后期英国兴建起了一批城市学院，促进了人文科学和自然科学的快速发展。再如，德国柏林洪堡大学在人文主义思想影响下，提出了大学自治、教授治校、学术自由、甘于寂寞，以及教学与科研相结合等教育新理念，不仅对全世界高等教育产生了重大影响，而且还培养出了一大批创新文化的人才，为社会各领域的发展做出巨大的贡献。

中国学校也同样如此。新文化运动的兴起对国内各学校都产生了极为重大的影响，而五四运动即成为各学校对新文化运动反馈所带来的新文化成果。其后，随着五四运动的洗礼和新文化运动的持久深入，各学校内相继发生了深刻的变化，培养和造就了一大批社会精英，为社会的进步和发展都做出了杰出的贡献。正因为如此，校史文化是由这些纷繁的历史事件串联组合而成，一旦校史文化脱离了事件的基础，其学校文化的形成便成为无源之水，既缺乏丰富的内涵，也不符合唯物史观。所以，在校史文化中，任何事件的发生既是一次创新文化的进程，也是创新文化的结果。

（五）呈现各异的物质形态

校史文化既包含精神文化，也包含精神文化的物化。这些精神文化物化的产品同样也能反映学校师生的文化创新思想和理念。其中既凝聚了当时的学校师生的思想观念、审美观念、创新理念和创新成果，也展现了他们在文化创新中取得的丰硕的成果。于是，在一些有着久远历史的学校校园里处处可见奇特各异的建筑物，有的恢宏庄严，有的小巧别致，有的构思精妙，有的朴素大方。总之，这些千姿百态的建筑物所呈现的是时代的变迁、岁月的沧桑，不但凝聚了前辈学校成员的思想意识、审美情趣，还表现出了一种独具匠心的创新成果；且建筑物本身所蕴含的文化思想，以及人与建筑物之间曾经发生的往事，也常常能让人唏嘘不已，沉思良久。

至于学校校园内其他一些物化了的精神文化，随处可见，比比皆是。例如，大到校门牌坊、名人墓地、石碑刻字、人物雕塑、宅家小院和各种展馆，小到名人为学校题写的匾额，学校的校徽、校旗，学生使用的校牌和校服，甚至从历史中保留下来的照片、书法、画册，具有一定历史的教学器具、实验物品等。这些物品中都凝聚了学校的精神文化，是物化了的精神文化，它们的存在不仅体现了学校前辈在校园文化创新过程中的努力和成果，也是校史文化的重要组成部分，向当代学子传递出了富有魅力的精神文化信息，既有昭示、教育的意义，也有启迪、鼓励再次创新文化的呼唤。

所以，在校史文化中，呈现各异的物质形态，是精神文化在物质形态中的具体表现，它具有极高的价值取向，是校史文化中独具特色的，传递、辐射和表达精神文化的另一种方式。而这种依附在物质形态中的精神文化，随着时代的变迁，岁月的流逝，必将更加璀璨夺目，成为学校成员再次创新文化的历史基础与起点。

第四节　校史文化的结构

一、校史文化结构的概念

学校文化是在一种特殊环境下产生的，它属于人类社会文化的范畴，但又区别于社会上其他一些文化。之所以如此，在于学校既是一个通过教育的形式传授人类科学文化知识的场所，也是一个专门从事学术研究进而不断创新文化的场所。

故此，对于学校来说，在传授文化和创新文化这两大任务的驱使下，学校文化与社会上其他一些文化的根本区别便形成了。

校史文化是学校文化的组成部分，它从历史的角度反映学校文化产生与发展的全过程，并通过对学校文化的历史沉淀，在进行反思与批判的过程中，提升学校文化内在品质，使之成为学校成员寄托思绪的精神家园，从而起到资政、育人、存史的目的。对于校史文化而言，它属于一种再现文化，而再现文化的主要功能在于凝练和提升学校文化的内在品质。因此，对校史文化的结构进行分析，才能全面客观地认识学校文化的实质内容，进而继承和传播学校精神。

所谓"结构"是事物存在的观念形态和运动状态的表现。而一事物和其他事物之间的根本区别在于：观念形态和运动状态的不同决定事物的本质不同。于是，结构决定事物的本质和发展状况。

由此可知，文化结构指的是文化的架构，主要从两个方面进行解释，第一，不同的文化元素或者文化丛之间存在一定的秩序关系；第二，文化结构具有丰富的内涵，包括文化区、文化丛、文化特质、文化模式等概念。可见，文化不仅是一种价值观念和取向，也是一种行为规范体系，从文化当中，能够窥见一个国家和民族善恶、好坏、是非、真伪、美丑的评判标准。文化也能通过社会教育将这些评判标准内化，使之形成整个国家和民族的正义感、是非感、审美感、羞耻感和责任感，并对国民的人格塑造产生积极影响，从而使民族精神能够传承和延续，并不断创新。

对于这一点，英国著名学者马林诺夫斯基在《文化论》一书中提出了"文化三因子"的观点，他认为文化可以分为三个层次，分别是精神形态的文化、物质形态的文化和社会形态的文化。[①] 相对的，我国历史学家钱穆提出将文化结构划分为三个层次：精神的，面对的是心灵世界；物质的，面对的是物质世界；社会的，面对的是人类世界。[②] 这说明，文化不仅是代表精神的一种产物，更是反映物质和社会的一种产物。人创造了文化，而文化一旦形成便成了一种独立现象，成为束缚人、驱使人的一种力量。于是，人在文化的支配下，才能连续不断地创造出新的文化环境，并通过实践认识未来的文化世界。

---

① 马林诺夫斯基. 文化论 [M]. 费孝通，译. 北京：中国民间文艺出版社，1987.

② 王列平. 透视 大学校史文化 [M]. 武汉：湖北人民出版社，2014.

二、校史文化结构的构成

校史文化结构也脱离不了文化三因子或文化三个阶层之说，即物质文化、制度文化、精神文化。虽然如此，但在文化三因子或文化三个阶层的作用下，校史文化结构主要由文化特质和文化模式所建构，这也是校史文化区别于其他社会文化的不同之处。

（一）文化特质

校史文化结构由文化特质所决定。文化特质是由多种文化元素共同构建而成的，基于文化元素的组合不同，所呈现的文化特质必然有所不同。因此，从不同文化元素组合的意义上说，将某种文化称为具有不同文化特质的文化，是文化结构的本质表现。校史文化的文化特质是由学校的精神文化、制度文化、物质文化三种综合文化元素建构而成的。这种文化特质之所以区别于其他社会文化特质，是因为学校的全部文化元素是以传承和传播文化、创新和发展文化为基础的。因此，对于任何一所学校来讲，学校教育的目的无非有两个，其一是继承和传播社会文明；其二是探索未知世界，创新和发展文化。

于是，在此目的驱使下，中西方学校教育理念有所不同。从中国传统教育理念来讲，中国传统教育强调"大学之道，在明明德，在亲民，在止于至善"[①]，并以格物、致知、正心、修身、齐家、治国、平天下为办学的七道程序。而西方教育理念则比较注重学生的理性和科学思维的培养，强调学生的批判思考精神，以增强个体在社会中的生存能力。诚然，尽管中西方学校教育理念有所不同，但学校教育的目的是趋向一致的。换言之，从建构学校文化特质来讲，校园里的所有文化元素都是围绕实现文化传承和文化创新这两个目的而存在。学校文化特质由以下三个元素决定。

1.学校物质文化元素

学校物质文化元素折射出来的文化特质具有以下三重性。一是反映受教育者的生存环境、学习环境和活动环境，这是学校文化特质中保障性的物质文化元素。二是反映受教育者在传承和创新文化中所使用的各种器物，包括教具模型和实验

[①] 张凤娟.大学·中庸·礼记 [M].呼和浩特：内蒙古人民出版社，2007.

器材、生产工具和教学产品，以及相关的各类物质形态，这是学校文化特质中用于传承和创新文化工具性的物质文化元素。三是反映受教育者在传承和创新文化中所借助的各类物化了的精神产品，包括各类图书文献、资料档案、音像图片，以及相关的各类物化了的精神产品元素。

物质文化元素的三重性既表明物质文化元素在学校文化中的基础性，也说明物质文化元素在文化传承和创新过程中的工具性、应用性，人们借助物质工具的应用实现学校教育目的。

2. 学校制度文化元素

学校制度文化元素是人在创造文化过程中产生的延伸产品，它既有精神物化了的内涵，又具有显性的行为特征。于是，学校制度文化元素的文化特质主要表现在三个方面。

一是文化元素的规制性，即对学校成员的行为进行规范和约束。这种规范和约束不仅体现了理性文化元素，也表达出文化元素的内涵价值观，并通过强化学校成员的责任感和使命感确立了学校成员内在的行为标准和模式。

二是文化元素的多样性，即学校里存在不同性质和作用的制度文化元素，这些不同性质的文化元素所起作用不同。从总体上看，有三个层面的制度文化元素。第一，国家层面的法律法规文化元素；第二，学校层面的各项规章制度和要求的文化元素；第三，师生层面的职业要求、行为规范和纪律要求的文化元素。由这三个层面的文化元素共同建构起学校制度文化的总和。

三是文化元素的稳定性，即学校成员在长期办学过程中形成了一定的历史积淀、创新品格和价值取向。这些文化元素既体现和反映了历代学校成员对此文化元素的认可和赞同，也以某种价值观念和规范标准的方式来约束学校及学校成员自身行为，并以此显现出学校自身的价值观和行为观。而随着这一价值观和行为观的形成、贯彻和执行，文化元素逐渐成了一种定式，潜移默化地影响着学校成员的思想和行为方式，且在相当长的时空条件下保持着一种稳定性。

3. 学校精神文化元素

学校精神文化元素是建构学校文化的核心内容，是学校成员继承和传播文化，再现创新文化发展的中心主旨。精神文化元素属于一种心灵世界，即抽象意识形态活动，它凝聚了人类社会思想文化的结晶，并成为创新文化的力量源泉。学校精神文化元素的特质主要涵盖以下四个方面。

（1）教育理念和教学方法的文化元素

教育理念和教学方法的文化元素是在继承和传播人类文化过程中学校成员所持有的一种显性思维，这包括了两方面：一是教育者对教育的认知和理解，通过传授文化，使受教育者能实现预先设定的培养目标，成为创新文化的人；二是在教育过程中所采用的各种教学手段，使受教育者尽可能吸收储存前人创造出来的文化信息，为创新文化奠定基础。

（2）对不同文化的认知和理解的文化元素

这种文化元素是一种理性思维的反映，一方面，这种文化元素显现出学校成员对于人类创造的全部文化的不同看法，另一方面，不同文化之间的相互碰撞融合渗透裂变出新的文化，使学校成员在传授文化的同时也能不断更新自身文化。

（3）对事物反思与批判的文化元素

学校成员处于创新文化的前沿，继承与传播文化是应尽的职责。但同时，学校成员还肩负着创新文化的重任。由于文化继承是一个选择的过程，并随着时代的发展而发展，而创新文化过程也是一个否定与扬弃的过程，于是，反思与批判便成为继承与创新文化的必然选择，如果学校文化中缺失反思与批判的文化元素，文化选择必然出现中断，其继承与创新文化将无从谈起。

（4）探索未知世界的文化元素

人类对于客观世界的认知十分有限，要想进一步推动社会生产力的发展，丰富人类对创新文化的需求，就必须不断探索未知世界的文化元素，这是一种科学精神，是人类由"必然王国"走向"自由王国"的历史发展。学校校园是继承和创新人类文化最重要的基地，因此，学校成员必须具有一般人所不具有的科学精神，才能承担起探索未知世界的重任。

（二）文化模式

1.文化模式的类型

校史文化结构由文化模式所形成。对于文化模式这一概念有许多不同的认知和解释。美国著名文化人类学家露丝·本尼迪克认为，人类有无穷多的类型的行为方式，但是对于某个民族而言，文化只能从中选择有限的几种形式，并且这种选择受到社会价值取向和特定的行为方式的影响，因此，民族在社会交往、经济和政治等领域形成的规矩和习俗会通过形式化的途径成为礼仪和风俗，并逐渐结合，共同构成民族的文化模式。[①] 这说明，文化模式是多样性的，它不仅取决于人类生存方式和特点，同时也与人类所处生活环境密切相关。

故此，文化模式又可分为两大类别，即特殊文化模式与普遍文化模式。

（1）特殊文化模式

所谓特殊文化模式指的是一个民族或者一个国家形成的独特的文化体系。例如一个以农业为主要生产方式的民族，其社会有大量农村人口，会形成较为浓厚的家族观念，更为注重人伦和道德，崇拜祖先和权威，众多的因素影响下就会形成独特的文化模式。而工商业发达的资本主义经济社会，则以城市生活为主导，强调个人主义、追求个人幸福与自由、实行竞选制度等，内在相互联系就构成了西方文化模式。这是两种截然不同的文化模式，它由各自的生存方式与生活环境影响形成。

（2）普遍文化模式

普遍文化模式，是指人类文化中普遍反映的一种社会形态。美国人类学家威斯勒尔认为，普遍文化模式主要包括九个部分，即语言、物质特征、美术、神话与科学知识、宗教习惯、家庭与社会体制、财产、政府、战争。[②] 正因如此，在文化结构的形成过程中，文化模式起着关键性的作用，甚至直接展现出文化结构的观念形态和运动状态。

2. 校史文化的特征

校史文化属于特殊文化模式，而这种特殊文化模式只能是学校校园拥有，在其他任何场合都不可能复制。所以，虽然世界上各国学校的文化模式不尽相同，并各具特点，但从文化属性的宏观视角来分析，各国学校的文化模式不外乎涵盖了三个方面的基本特征。

（1）具有开放包容性

学校文化本身是一个开放的，并能包容与整合各种不同文化，进而不断创新

① 露丝·本尼迪克.文化模式 [M].何锡章，黄欢，译.北京：京华出版社，2000.
② 王列平.透视 大学校史文化 [M].武汉：湖北人民出版社，2014.

的文化体系。因此，凡属于保守、封闭、落后、僵化的文化，必将在继承文化的选择与创新过程中被淘汰，这是学校文化发展的客观规律。文化的开放包容性，是各国学校文化模式中所共同具有的基本功能。

（2）呈现多元一体现象

所谓文化"多元一体"，是指主体文化与客体文化之间的关系。从文化模式内涵来说，学校文化虽然具有很强的开放包容性，但各国学校文化之间依然存在较大差异，特别是在东西方文化的大环境下，这种文化差异表现得十分明显。于是，这就需要形成一种"主辅相成""多元一体"的文化模式格局来处理。换言之，多元一体文化模式格局的存在，不是一种文化消灭另一种文化，而是你中有我，我中有你，以我为主，浑然天成的一种文化模式。这种文化模式的形成，既有利于吸收借鉴客体文化的长处，也是文化创新的动力。

（3）表现融合创新精神

学校文化的本质表现了学校成员继承、传播、创新文化的全过程，这对于各国学校来讲亦是如此。但仅以此就称之为学校文化模式显然是不够的，它还需要具有一种全方位表现融合创新精神，其中包括冲破地域性、学科性等思考范围，并运用整体性、前瞻性、人文性、科学性、社会性等观念意识作为教学和科学研究的指导思想，依据它建构起创新文化的基础，这样才能称之为学校文化模式。诚然，各国学校文化模式不尽相同，但有一点是相同的，那就是创新是学校文化发展的精神支柱，通过不间断地融合创新，学校文化才能获得新的生命力，才能生生不息，延绵不绝。

综上所述，校史文化结构主要由文化特质和文化模式所建构，当然，这也与文化丛和文化区之间存在着联系。文化丛是文化质点按照一定方式形成的聚合，并在功能上与其他文化质点发生一系列的连带关系或构成了一连串的活动方式而形成的。因此，文化丛的实质体现了文化特质的内在活动规律。至于文化区，则是某种特定的文化事物的组合构成文化综合体，并由若干联系的文化综合体建构成的文化系统。文化区特点在于以下两点；一是文化区的范围有大有小，但文化区的重要性与它的大小没有必然联系；二是文化区的边界有实有虚，甚至发生重叠现象，但绝不会与自然区发生重合。校史文化属于文化区的范围，虽然对于整个社会文化来讲，其范围显得十分狭小，但在继承、传播和创新文化的过程中，校史文化起到十分重要的引领和推动作用。

鉴于此，校史文化在文化特质和文化模式的作用下，其结构中的观念形态和运动状态得以真实地展现，并以全面客观的形式再现了学校成员继承、传播和创新文化的全过程。而这个过程，正如恩格斯所指出的：事物的发展，其内在规律决定了事物的本质。而物质的内部运动表明物质的特殊性和联系性。这就必须要从物质实践出发来解释观念的形成。[①] 基于此，在校史文化结构中，文化特质和文化模式所承担的责任和功能作用是不相同的。就文化特质而言，其主要责任在于建构校史文化的基本文化元素；其功能和作用在于对前辈学校成员遗留下来的文化进行借鉴和选择，并经过反思与批判，凝练和提升，优化学校文化的内在品质，进而为文化的创新奠定基础。但就文化模式而言，其主要责任在于对校史文化经过历史沉淀后，传递出的某种教育理念，以及前人如何营造文化创新氛围进行记录；其功能和作用在于使受教育者通过对校史文化这种特殊载体的了解和认知，不断汲取和吸收前人有形和无形的精神产品以及创造出的物质力量，并领悟前辈学校成员独具特色的文化形态，为培养文化创新人才开辟更加广阔的道路。

第五节　校史文化价值观

学校教育是传承文化的事业，也是弘扬文化的事业，更是创新文化的事业。基于此，学校教育所肩负的责任感和使命感，在任何时期、任何国家的教育中都是存在的。责任感和使命感也就从根本上决定了校史文化应有的价值判断与选择、价值取向与目标。

价值观是指主体对自身及外界事物的一种价值界定，或总的评价和总的看法。换言之，价值观是人们判断事物有无价值的意识。其表现形态一方面作为价值尺度和准则，成为人们判断价值事物有无价值或价值大小的评价标准；另一方面又

---

① 马克思，恩格斯. 马克思恩格斯全集（第 21 卷）[M]. 中共中央马克思恩格斯列宁斯大林著作编译局，译. 北京：人民出版社，1972.

形成某种价值取向和价值追求，并凝结成为一定的价值目标，以此引导人们的主观世界。价值观所表现出来的是一种社会意识，并随着社会存在的变化而发生变化。

在现实生活中，什么样的东西值得珍惜，什么样的东西不值得珍惜，什么样的生活有意义，什么样的生活没有意义，什么样的思想能够被认同，什么样的思想不能够被认同，这些都与人们的价值判断密切相关。

一、校史文化的价值判断

价值观具有相对稳定性和持久性的特点，这决定了在特定的时间、地点、条件下，人们的价值观总是相对稳定和持久的。例如，人们对某种事物的好坏总有一个基本看法和评价，在条件不变的情况下，这种看法和评价是不会轻易改变的。故此，历史性与选择性在不同时代、不同社会生活环境中所形成的价值观也就不尽相同。

但是，对于人们来说，依据什么对某种事物产生看法，进而做出评价，这就是价值判断范畴的问题。价值判断指的是某一客体对主体事物的价值、价值内容、价值大小的判断。通俗来讲也可理解为人们对于某种事物是否满足主体的需要，以及能产生何种程度的满足的判断。由此可见，人们的价值选择的基础是对事物的价值判断。

（一）校史文化价值判断的基础

对于价值判断来讲，它具有四种特质，即客观性、主观性、多样性和社会历史性，这些特质是决定价值判断的依据。校史文化的价值判断与学校文化紧密相连，校史文化是学校教育文化在选择过程中的历史缩影，也是社会主流文化在学校文化中的反映结果。所以，界定和认知校史文化的价值判断，必须从学校文化的形成中寻找答案。

学校文化的形成，是校史文化价值判断的基础。学校自诞生以来就是一个以"教育为本"的机构，它通过传播文化知识对人的教化施加各种影响，使人类创造的文化得以延续，进而根据时代的不同要求不断发展创新未来文化。然而，学校文化选择却通常受到社会主流文化的影响，社会主流文化对文化的选择提出要求，进行限制。因此，学校传播什么样的文化，用什么样的文化知识培养人才，并不完全取决于学校。

由此可见，能够在教育领域中体现的文化大都是社会形成的文化的精髓以及能对统治产生积极影响的文化。例如，在我国古代历史发展中儒家文化一直是统治阶级的主流文化，中国古代的教育也长期将儒家经典文化作为教育的主要内容，就连科举考试也将儒家典籍作为考试依据。[①] 其后，近代西方文化的强烈冲击下对学校文化的选择产生了一定影响，但从总体来讲，学校文化的内容依然还是以儒家文化价值观为主，仅将西方科技视为"奇技淫巧"而已。

同样，在中世纪的欧洲文艺复兴之前，统治文化中的主流文化是基督教文化，欧洲教育领域认为基督教文化具有极高的教育价值，高等教育领域几乎将所有与基督教无关或有悖的思想和文化等视作无用之物，甚至将其贬为异端，采取极端的排斥态度。[②] 以上案例都说明了学校文化在对教育内容进行选择时会受到主流文化的影响和制约。

仅就校史文化而言，对文化的选择同样具有价值判断的基础。从校史文化反映的内容看，它似乎仅是对学校文化选择过程的一种浓缩。但实际上，这种浓缩并不是简单地演绎了学校文化选择的过程，而是对文化选择内涵进行了必要的价值判断与考量，体现了价值判断内在的特质。

其一是校史文化反映的内容是学校文化选择过程中的客观现实，是社会实践的产物，这也表明校史文化不是源自人们的主观意识所创造出来的，而只是社会存在的客观反映。因此，校史文化对学校文化选择的价值判断，一方面表现为学校文化随着社会的进步而发生重大改变，这种改变不仅有利于创新文化的发展，对于人才培养教育也将起到关键性作用；另一方面说明社会价值观对学校文化的形成与变迁具有极大的影响力，而学校文化进步与发展的精神意识，也必将对社会风气产生良好的示范作用。

其二是校史文化在客观反映学校文化的同时，毫无疑问，需要对某些文化进行严格筛选，并通过有所保留和扬弃地鉴别，使校史文化在某种程度上更加有利于学校精神文化的传播，有利于文化创新发展，有利于对人才的培养教育。基于

---

① 张应强．文化事业中的高等教育 [M]．南京：南京师范大学出版社，1999.
② 张应强．文化事业中的高等教育 [M]．南京：南京师范大学出版社，1999.

此，对以往学校文化的鉴别过程是一个文化价值判断的过程。在此过程中，人的主观意识表现得十分明显。因为价值判断的前提需要设定一个价值标准，而价值标准的设定是客观现实与主观需要共同作用下的结果。

其三是校史文化涵盖了学校文化发展的全部过程，这从某种方面也体现了文化价值判断的多样性。因为在学校文化发展历程中，曾经有过多种文化的交锋与碰撞，并由此逐渐产生了符合教育发展的规律和人才培养的思想观念。对于校史文化而言，它能真实客观地反映学校文化发展，既体现了一种多元文化价值观的立场，也表明了此文化中具有很强的包容性。

其四是既然学校文化选择受社会主流文化控制，那么，校史文化在反映学校文化时，也必将受到社会主流价值观控制，这是社会历史性价值判断的表现。因此，校史文化要站在历史的高度，用时代发展的眼光来正确看待以往学校文化的选择，这样才能使其价值观既能符合时代发展的潮流，也能引导学校成员不断汲取以往学校文化中的丰富营养，在育人教育中发挥潜移默化的影响力，为后继者创新文化奠定基础。

（二）校史文化价值判断的本质

促进人的全面自由发展既是学校文化价值观的核心追求，也是校史文化价值判断的本质。学校教育的目的，是通过传播人类文化知识，为社会培养文化创新人才。因此，学校教育体系中，德、智、体、美等教育同等重要。学校教育中包含的文化内容基本上涵盖了人类所创造的各种有意义的文化，并且还对其进行了综合和整理，使其更加有条理，形成体系。此外，学校教育中不只包含文化知识教育，同时还十分强调对受教育者的创新能力培养，使之能适应社会发展的多种需求。

因此，将人的全面自由发展理念概括起来，便形成了"育人为本"的教育理念。而这一教育理念在古今中外教育中普遍存在，并且努力被践行成为教育的基本原则。虽然"育人为本"是贯穿教育的办学宗旨，但世界各国学校，甚至在一个国家的学校之间，学校组织形式、办学模式、教授方法、培养途径等方面也都存在着较大差异，不尽相同。例如，在蔡元培领导下的北京大学，其教授方法、办学模式、人才培养等方面，在当时的教育中可谓"独树一帜"。抗战时期的西南联大等学校，其教授方法、办学模式、人才培养也是独一无二的。于是，从"育人为本"的教育理念出发，以此为基础形成的学校文化不仅体现了亘古不变的教育本质，也是建构大学文化价值观的核心追求。

其实，人的全面发展包括了德智体美的发展，即要有正确的世界观、人生观、价值观和良好的道德、政治、心理品质；要具备丰富的文化知识，有主动学习和主动发展的能力；要体魄强健，心智成熟；要具有一定的审美观和创造美的能力。此外，人的全面发展还必须与社会需求相结合。因为人是社会人，只有与社会需求相结合，才能不断完善自身的全面发展。所以，"大学之道，在明明德，在亲民，在止于至善"。

校史文化的内容不仅要真实客观地反映人的全面自由发展，也要生动具体地反映围绕这种文化所形成的另一种文化，即有利于创新人才培养的文化。而这种文化的表现形态是一种人文关怀氛围和教学组织格局，如果没有这样的氛围和格局，人的全面自由发展的文化将无从实现，并难以取得成效。

当然，在不同时期、不同社会，对于人的全面自由发展的文化，就其理解和认知来说，能产生出完全不同的价值观和功利主义。而这种价值观和功利主义不仅有违"育人为本"的教育理念，同时也阻碍了学校文化的进步与发展。因此，在校史文化的价值判断上，一是要从全面性的需求出发，在反映学校文化历史演进过程中，既要客观反映各个时期学校文化的形成与发展状况，也要对那些阻碍学校文化发展的价值观和功利主义进行认真反思与批判。二是要从历史认知性出发，将学校文化的形成与当时社会发展的状况联系起来，从中寻找出学校文化发展的规律和培养创新文化人才的有效途径，为现代学校文化的发展提供有价值的参考。三是要从理性的角度出发，梳理和分析历史上学校所形成的人文关怀氛围和教学组织格局的各种成因，并以此为基础，在校园内营造出更加符合人才创新文化发展所需要的氛围和格局。

二、校史文化的价值取向

如何看待校史文化？人们会从不同的视角和思路去考察和认知，而考察和认知的最终结果都离不开对它的具体评价，即校史文化的价值所在。其实校史文化的价值界定主要是指对学校文化发展过程的一种客观认知和总体性评价。但由于价值是有生命的，并能随着时间的延续而游走。于是，在不同时期、不同条件下，也就存在着不同的价值界定。对于校史文化而言，它虽然再现了学校历史文化的发展和变化，在不同时期、不同条件下有着不同的价值界定。但是，这并不妨碍人们对校史文化进行价值界定，也不妨碍人们做出正确的判断和总体性的评价。因为，校史文化是历史事物的客观反映，不受任何主观意识左右，它只存在一种客观的评价标准，即在学校教育发展中是否推动了社会文明的进步。

所以，在如何正确看待校史文化的价值取向问题上，只有秉持一种科学理性，顺应时代发展潮流的态度，才能从中获得文化内涵的真谛。由于校史文化中蕴含着价值真理，当人们在不断追寻这种价值真理时，往往会表现出一种主观价值界定取向。而这种主观价值界定取向，是基于人们在面对或处理各种矛盾、冲突、关系时所持有的基本价值立场、价值态度，以及根据客观事物的本质做出的总体性评价。这说明，在追寻价值真理的过程中，价值取向成为人们取舍客观事物的价值界定基础。

鉴于此，校史文化的价值取向应从以下几个方面进行界定。

（一）校史文化的特质

学校文化是追求真理的文化。人类创造精神文化其目的有三：第一，认识和改造客观世界，为人类生存和繁衍创造物质财富；第二，规范和治理社会，使社会按一定的规则有序发展；第三，使人类在生存和繁衍过程中获得精神和感官上的美好欢愉，激发创新文化的欲望和自信。然而，任何事物都是在运动中发展，并通过不断扬弃从而达到推陈出新的目的。于是，反思与批判的文化元素便成为学校文化的核心，只有对原有旧文化进行反思与批判，才能促使人们扬弃旧文化，发展和创造新文化。

关于学校文化是追求真理的文化这一点，在中西方许多著名的大学校训中都给予了充分的反映。例如，美国哈佛大学的校训是一个字：truth（真理，有人将它译为"让真理与你为友"）；耶鲁大学的校训是：light and truth（光明与真理）；华盛顿大学的校训是：通过真理取得力量；而中国北京大学的校训是：爱国、进步、民主、科学；中国人民大学的校训是：实事求是；西安交通大学的校训是：爱国爱校、追求真理、勤奋踏实、艰苦朴素。[①] 可见，不断追求真理，创新发展文化，

---

① 王列平.透视 大学校史文化 [M].武汉：湖北人民出版社，2014.

不仅体现了大学文化的特质和价值所在，也是推动社会文明进步的力量源泉。

由此可见校史文化的特质与价值还包含了对真理的追求和对文化的创新。校史文化的价值取向建立在对客观事物的反思和批判精神上，对真理的追求和对文化的创新的过程同时也是不断进行反思和批判的过程，缺少反思和批判，人类社会就无法取得长足的进步。从历史发展实践中分析，学校文化的批判属性是客观存在的事实。中国近代社会，随着新文化运动的兴起，学校教育发生了根本性的突变，学校成员在民主与科学两面大旗的引导下，向统治中国文化思想数千年的孔孟礼教发起了强烈冲击。这场新文化运动，不仅极大地解放了人们的思想和观念，全面革新了学校教育理念、教学内容和教育方法，使学校教育更加符合时代发展的潮流，而且还使学校教育加大了对社会现实文化的批判，直接导致了反帝反封建的五四运动爆发，北京大学则成了这场历史性运动的策源地。正是在这场运动中，北京大学将马克思主义思想广泛传播到各个领域，从而为中国共产党的建立奠定了理论基础。

在批判精神方面，马克思认为："批判的武器不能代替武器的批判，物质力量只能用物质力量来摧毁。"[①] 校史文化中的价值取向也应遵循这一法则。

综上所述，校史文化可以理解为在反思与批判的基础上，经由历史沉淀而形成的物化了的历史精神文化。它有很强的反思性和批判性特点。反思和批判是经由理性思考产生的行为和认知，是表达内在精神需求的方式。通过反思和批判，校史文化的精神、理念等各方面的内容都能得到升华。

当我们在研究校史文化的过程中，其批判与反思的价值取向依然存在，诸如学校校园的现实表现中，就存在着许多不健康的反文化精神和行为。而这种不健康的反文化精神和行为的存在，必然阻碍健康的学校精神文化的发展。

因此，反思与批判的价值取向是始终维护和发展学校精神文化的原动力，也是学校成员所要坚持的一种主体价值观的选择。

（二）校史文化的内在功能和作用

学校文化承担的主要责任是教育，而教育的主要功能是传承与传播科学文化

---

① 马克思，恩格斯．马克思恩格斯全集（第 1 卷）[M]．中共中央马克思恩格斯列宁斯大林著作编译局，译．北京：人民出版社，1972.

知识（文化自身也具有传播的特性），使受教育者在接受科学文化知识的同时提高自身素质，进一步推动科学文化知识的发展，达到创新文化的目的。美国行为主义的代表人物斯金纳认为，当一个民族的文化形成新的行为习俗，并且这种行为习俗能帮助人们获得难以获取的资源时，这种行为习俗不仅能传递给新的成员，也能逐渐蔓延到同时代或者上个时代幸存的人群中。① 人类文化传承和传播的途径有很多，学校是其中比较主流的一种方式，学校教育的主要功能和作用就是传承和传播人类的文化。

校史文化是一种特殊的文化，传承和传播特殊文化不仅能体现出这种特殊文化本身的价值，同时也体现了人们对这种文化价值取向的选择。这一点也是客观主体的表现与选择评价的一致性的体现。据此，美国著名人类学家莱斯利·怀特指出："可以将文化过程当作自成一体的事物，必须依据文化自身来解释文化……对于文化过程只能依据文化自身加以说明。"②

校史文化不是校园文化的全部，但是其反映的内容在校园文化中却有很高的地位。校史文化是学校历史的精华所在。在学校历史发展过程中，学校文化经历了许多次的自我反思和批判，以及不断重复的否定、肯定和再否定的过程，留存下来的文化内容都是经历了千锤百炼的文化。因此校史文化的内涵和精神具有十分深刻的思想性和文化性。

校史文化在发展过程中把历史物化了的精神文化凝练成了一种特殊的语言符号和表达形式，受教育者在接受相关教育时能够更加直接、清晰地获得精神文化熏陶，同时接受其中所传达的信息，使这种文化信息能在较短时间内发挥出最大的效应。于是，校史文化既是传承与传播学校文化精神的承担者，同时也是对学校历史文化进行有效的凝聚、整合、吸收、批判和升华的改造者。校史文化这两者皆有的身份，更加显现出了它的价值界定与价值取向重叠的重要性。

（三）校史文化的内在生长与发展

人类社会发展要求学校文化必须具备内在生长与发展的能力，这也是时代对学校文化赋予的责任。学校文化传承和发展的最终目的是让自身更加适应现代文

---

① 王列平. 透视 大学校史文化 [M]. 武汉：湖北人民出版社，2014.

② 莱斯利·怀特. 文化的科学：人类与文明研究 [M]. 沈原，黄克克，黄玲伊，译. 济南：山东人民出版社，1988.

化，并且也只有在适应现代文化的基础上文化创新活动才能进行。由此可见如果学校文化不再适应现有的社会文化，那么一切的校园文化创新、传递和选择活动都将失去意义。

对此，朱谦之提出，一方面教育要以历史为依据对历史文化进行传承；另一方面，教育要着眼未来，进行文化创造，其中最为重要的是教育要对现有的文化进行充分的认知和把握，从现在的文化发展和变迁脉络中寻找未来文化发展的趋势。因此教育的最好状态是要让学生对时代的最高的文化形式有清楚认知，并充分发展这种文化形式，让自己成为一个适应时代和地方文化发展的人才。[①] 也就是说，学校文化生命力的价值所在就是对文化的创新和发展，且这种创新和发展必须符合时代发展潮流的创新。

校史文化的价值取向同样也包含对文化的发展和创造。在适应时代文化的过程中，校史文化要充分发挥自己各方面的价值界定和选择作用，同时也要保持自身的独特性。因此对校史文化基本功能的强调，就是对物化了的历史精神文化的功能的追求。强调校史文化的教化功能是为了通过这种精神功能让校史文化适应现代文化，并产生创新。适应时代文化、发展和创新文化的方式有很多，校史文化并不是唯一的一个途径，但是校史文化是最有效果和功能最为强大的一种。

首先，历史能够为当今的发展提供借鉴，对文化发展和创新提供帮助。马克思认为，人们无法自主选择自己所使用的生产力，生产力是一种既得的力量，是历史的产物。[②] 同样的，学校的所有文化也是在校史文化的基础上建立起来的，校史文化是学校文化在历史活动中的产物。所以，校史文化是学校文化发展和创新的基础，也是对现有校园文化进行检验和批判的标准，通过不断的批判和检验，校园文化能够更加适应时代的发展需求。由此可见，校史文化是校园文化内在生长和发展中十分重要的影响因素。

其次，校史文化能够通过培养人才实现对文化的发展和创新。

学校应当将校史教育当成新生的必修课程，校史教育是学校育人工作的起点。校史文化中的历史文化、精神文化以及其中的学术氛围等内容都能对学生产生十

---

① 朱谦之 . 文化哲学 [M]. 北京：商务印书馆，1990.

② 马克思，恩格斯 . 马克思恩格斯选集（第 4 卷）[M]. 中共中央马克思恩格斯列宁斯大林著作编译局，译 . 北京：人民出版社，1972.

分深远的影响，这种影响作用也是其他教育所不能替代的。只有经历过这种文化熏陶的人才能在社会中对文化发展和创造产生辐射和裂变的作用。田培林先生认为，教育的主要价值在于培养出了有创造欲望和创造能力的人，这种价值能够使过去的文化材（文化材是指由人类精神活动创造出的所有价值）发挥出新的价值，也能随着历史发展不断产生进步，这是其他文化材所没有的特征。[1]可见校史文化对文化的创新和发展是通过教化功能的转移而形成的。

① 张应强. 文化事业中的高等教育 [M]. 南京：南京师范大学出版社，1999.

第二章　校史文化构成

本章主要介绍校史文化的构成，主要从三个方面进行阐述，分别是校史精神文化、校史精神文化的思想内容、校史物质文化、校史物质文化概述、校史物质文化的功能、校史制度文化、校史制度文化概述、校史制度文化的特征。

第一节　校史精神文化

所谓校史精神文化，其实质是一种抽象的理性思维，是在传承和传播人类文化过程中，人本思想的客观反映。概括地说，校史精神文化的实质主要表现在五个方面，即人与教育的关系、价值取向的认同、追求真理的自由、理性与批判的责任、发展与创新的使命。

不是每一所学校都具有自己独立的校史精神文化，只有那些经过长期的办学教育，并对自己独有的教育理念进行倡导、践行，以及提炼和升华，由此形成良好的价值判断和理性诉求的学校，才真正具有校史精神文化。而这种精神文化一旦形成，便为学校的生存与发展注入了坚强的生命底蕴，同时它还不断散发出强有力的价值导向，成为凝聚学校成员的精神支柱。从校史精神文化的建构看，它主要涵盖了两个层面的思想，即校园思想和校园伦理。

一、校史精神文化与校园思想

（一）校史精神文化与校园思想的联系

在恩格斯看来，当人们在探求客观事物发生的源头时，最直接、最便捷的方式就是从事物的本质中寻找出某种规律性，加以分析和研究。① 因此，探求校史精神文化与校园思想之间的内在联系，便成为认知这种精神文化的关键。其实，所谓的"校园思想"，是从两个视角对校史精神文化进行的归纳和总结，并据此做出正确分析和客观评价。

1. 哲学视角

从哲学视角来观察，校史精神文化是学校发展的历史过程中所特有的人本哲学思想，它不仅涵盖了学校的办学理念、育人方针、学术追求、管理模式等抽象的理性思维，而且它还对学校的"文化体"和"文化群"进行整合发挥，经过凝练与升华，使之达到一定的思想境界。因此，校史精神文化是学校生存与发展的灵魂。

在校园思想中含有一个很重要的理论品质，即世界观与方法论相统一的办学理念。在此办学理念的引导下，校园思想可以清晰地折射出这所学校所追求的理想目标、所秉持的精神信念、所倡导的价值取向，以及对客观世界的认知所采取的态度和方法，并从中感受到理性与批判的光芒。

2. 文化视角

从文化视角来评价，学校以继承、传播和发展人类文化知识作为自己的存在目的。而校史精神文化所表现的，正是学校成员进行这种活动所产生的关于自身的价值追求和行为方式、行为准则的文化成果。而这种文化成果，其本身也是人类文化的重要组成部分，是学校教育在培养文化创新人才过程中，再创造产生的文化创新成果。

因此，作为文化层面的校园思想而言，其校史精神文化中所表现出来的是学校成员的一种执着的真理追求，一种诚挚地向往民主与科学的高尚品质。在此品质的作用下，校园思想既凸显了学校成员对人类社会进步的追求，勇于承担改造社会的历史责任；同时也体现了学校成员对知识的渴求、对科学真理的探索，以及所表现的坚韧不拔的精神和毅力。

基于此，校园思想便成为建构校史精神文化的核心基础，即通过人本哲学的

---

① 马克思，恩格斯.马克思恩格斯全集 (第 26 卷)[M]. 中共中央马克思恩格斯列宁斯大林著作编译局,译. 北京：人民出版社, 1956.

客观反映，体现精神文化的价值判断；通过对真理的追求与文化创新，凸显精神文化的价值取向。于是，分析与研究校园思想，便成为人们认知校史精神文化不可或缺的重要途径。

（二）校园思想的内涵

1. 校园思想的人本哲学

事实上，教育从本质上来看主要承担了三项重要任务，一是传承和传播人类创造的文化；二是培养文化创新人才；三是推进科学研究的发展。而完成这三项任务的根本目的，是通过教育和研究，注重人的个性自由和发展，培养人的独立性和创造精神，以此提高人的自身素质，促进人的全面自由发展，进而通过人的全面自由发展来促进社会进步和科学发展，并以个人价值的实现来推动社会价值的实现，且又通过社会价值的实现来不断提升个人的价值。

基于此，马克思主义认为，人的全面自由发展是"人以一种全面的方式，也就是说，作为一个完整的人，占有自己的全面的本质"[①]。而"全面的本质"包括了人需要的各方面的满足，以及素质的普遍提高，价值的全面实现；与此同时，还要有利于人的主动性、积极性和创造性的充分发挥。人的全面自由发展充分体现了个人价值和社会价值的统一性，同时也是教育过程中人本哲学所要达到的终极目标。

在现实社会中，由于人本哲学思想始终贯穿着中西方教育的发展，因此，它使教育成为社会上最能体现关于人的个性自由和全面发展的领域。当然，至于如何理解和认知人本哲学，每个时代都存在许多不尽相同的见解，并且根据社会进步程度和自身发展的需求，人本哲学的理解也被不断注入新的内涵。总之，学校教育在办学理念、育人方针、学术追求、管理模式等方面，始终围绕着人本哲学的基本理念对人进行教育和培养，以此延续人类文化的继承和发展。

从中国古代教育实践来看，注重以人本哲学育人是一贯有之的。孔子最早提出有教无类的育人观点，其理论基础是建立在"性相近，习相远"[②]的人本哲学上。

---

① 　马克思，恩格斯 . 马克思恩格斯全集 第 46 卷 [M]. 中共中央马克思恩格斯列宁斯大林著作编译局，译 . 北京：人民出版社，1972.

② 　孔丘 . 论语 [M]. 吴兆基，译 . 成都：四川天地出版社，2020.

而纵观儒家学派各时期的代表人物，他们在研究育人理论过程中，不论主张性善还是性恶，都强调后天的教育和培养的效果，认为人与人之间之所以存在不同，是因为后天的教育和培养不同。于是，其育人思想主要反映在对育人的意义、对象、目的和方法等方面的探索，提出了"善政不如善教"①的观点。而此观点足以说明，教育和培养人才对社会和国家发展的重要性。

中国现代教育自创办以来，不仅全面继承了古代教育的人本哲学思想的遗产，而且随着时代的进步，教育思想也在不断创新和发展。

中华人民共和国成立后，在教育建设的探索中，促进人的全面自由发展的人本哲学思想被继承和发扬光大。毛泽东曾明确指出："我们的教育方针，应该使受教育者在德育、智育、体育几个方面都得到发展，成为有社会主义觉悟的有文化的劳动者。"②改革开放后，邓小平依据时代发展提出了要培养有理想、有道德、有文化、有纪律的四有新人要求。③

1998 年 5 月，江泽民在北京大学建校 100 周年纪念大会上对广大师生提出了"四个统一"，即"希望你们坚持学习科学文化与加强思想修养的统一""希望你们坚持学习书本知识与投身社会实践的统一""希望你们坚持实现自身价值与服务祖国人民的统一""希望你们坚持树立远大理想与进行艰苦奋斗的统一"④。其后，江泽民又在多个不同场合对改革教学内容、完善人才培养模式，使每一个受教育者都能充分发挥自身潜力，激发学习成长的主动性，实现人的全面自由发展等问题进行了多方面的阐述。

2002 年，党的十六大报告对新世纪的教育方针做了表述，提出"坚持教育为社会主义现代化建设服务，为人民服务，与生产劳动和社会实践相结合，培养德智体美全面发展的社会主义建设者和接班人"⑤。党的十七大报告提出："要坚持育人为本、德育为先，把立德树人作为教育的根本任务，加强爱国主义教育，深入开展理想信念教育……努力培养德智体美全面发展的社会主义建设者和接班

---

① 孟轲.孟子 [M].杨伯峻，杨逢彬，译.长沙：岳麓书社，2021.
② 毛泽东.关于正确处理人民内部矛盾的问题（节选）[J].湘潮，2019（09）：57-58.
③ 王列平.透视 大学校史文化 [M].武汉：湖北人民出版社，2014.
④ 中共中央文献研究室.十五大以来重要文献选编 [M].北京：中央文献出版社，2011.
⑤ 江泽民.全面建设小康社会开创中国特色社会主义事业新局面 在中国共产党第十六次全国代表大会上的报告（2002 年 11 月 8 日）[M].北京：人民出版社，2002.

人。"①2016 年 12 月，在全国高校思想政治工作会议上，习近平总书记指出："我国高等教育肩负着培养德智体美全面发展的社会主义建设者和接班人的重大任务，必须坚持正确政治方向，高校立身之本在于立德树人。"②2018 年 5 月 2 日，在北京大学师生座谈会上，习近平总书记强调，"要把立德树人的成效作为检验学校一切工作的根本标准"③。在第四次全国教育大会上，习近平总书记不仅进一步提出"坚持把立德树人作为根本任务"，"把立德树人融入思想道德教育、文化知识教育、社会实践教育各环节，贯穿基础教育、职业教育、高等教育各领域"，还明确把"劳动教育"与"德智体美"教育一起纳入"全面发展"的教育理论中，提出"培养德智体美劳全面发展的社会主义建设者和接班人"④。

可见，人本哲学既是育人理念形成的基础，也是一所学校不懈追求的最终目标。而这个目标的定位在于，它将促进人的全面自由发展当作唯一的价值判断来实现，并以此推动人类社会文明的进程。所以，人本哲学成为校史精神文化的灵魂，在校园思想中占据着统治和支配地位，学校成员所进行的一切活动都应符合人本哲学的基本要求和准则。唯有如此，学校教育才能真正体现它的价值所在，成为继承和传递人类文化的重要基地。

2. 校园思想的真理追求

德国著名剧作家莱辛有句名言，即"对真理的追求比对真理的占有更为可贵"⑤。就教育而言，对真理的不懈追求，既体现了校园思想的核心价值观，成为推动人类社会文化创新和科学发展的重要基础；同时也展现了校史精神文化在育人教育方面的无穷魅力，激励后继者为追求真理而勇敢地承担起应负的责任，甚至为此献出宝贵的生命。假如在校园思想中缺失了对真理追求的向往，那么校史精神文化也就完全丧失了它传承的价值。

①　胡锦涛.高举中国特色社会主义伟大旗帜 为夺取全面建设小康社会新胜利而奋斗 在中国共产党第十七次全国代表大会上的报告 [M]. 北京：人民出版社，2009.

②　张文潮，张兰主，李宇靖，等. 理论经纬（第 10 辑)[M]. 北京：生活·读书·新知三联书店，2021.

③　习近平 . 在北京大学师生座谈会上的讲话 [J]. 思想政治工作研究，2018（06）：6-9.

④　习近平：坚持中国特色社会主义教育发展道路 培养德智体美劳全面发展的社会主义建设者和接班人 [J]. 教育科学论坛，2018（30）：7-9.

⑤　王列平 . 透视 大学校史文化 [M]. 武汉：湖北人民出版社，2014.

学校虽然属于社会群体的组成部分，但校园却又不是一般的社会场所，它是一个承载着传道、授业、解惑的学术殿堂，是推动社会文化创新、科学发展和培养人才的重要基地。因此，在此生活、学习和工作的学校成员要比一般社会人具有更强的思想性、开拓性和忧患意识，是思想解放的先锋和时代的弄潮儿。而学校成员的这种特质主要是因为他们掌握和具备了较多的文化科学知识。

在对真理追求的品质上，学校成员往往比一般社会人要表现得明显和强烈。这与真理的客观性与主观认识性有关。马克思主义认为，真理是人们对于客观事物及其规律的正确反映。[①]这说明，真理是客观存在的，而人们的主观意识通过社会实践逐步认识和发现真理。然而，人们对于真理的认识又具有相对性，从认识和掌握真理的角度来说，它随着人们对客观事物认识程度和社会实践的深入而深入，进而又不断推动人们对真理的进一步认识和掌握。人们在认识与发现真理的过程中，必须具有较高的文化素质，以及较强的社会实践能力和强烈的进取心，而这些条件并不是一般社会人所具有的，只有学校成员才充分具备这些条件，并能承担起文化创新和推动科学发展的重任。

当然，这也与学校成员所从事的职业相关，与教育所要达到的目的相一致。由于学校教育既要传承人类文化知识，培养文化创新人才；同时也要注重总结前人的科研成果，不断加强对未来科学的研究，才能有所创新和发展。而学校成员在此环境之下，需要具有一种超前性思维和前瞻性眼光，需要对社会存在的问题和科学发展等问题进行不间断的思考与解决。故而，开拓与进取，批判与创新，对真理的追求，便成了学校成员内在的精神品质。从社会发展的历史角度看，学校成员正是凭借着对真理追求的这股精神力量，才能在任何情况下勇于承担起自己的责任。而校园思想的真理追求，从事物的本质上体现了学校成员内在的一种精神理念。

（1）对社会真理的追求

首先，对社会真理的追求是学校成员承担社会责任的基础。学校既然是传承人类文化知识的重要基地，也就十分自然地集聚了一批社会上的有识之士。这些有识之士都具有很高的文化学识和理论修养，虽然各自对客观事物的认知和解释存在着不同的观点和看法，但这也恰恰使得各种主义、理论学说、宗教信仰、社

---

① 王列平.透视 大学校史文化 [M].武汉：湖北人民出版社，2014.

会风俗等多元化文化意识在校园里弥漫，它们相互之间发生激烈碰撞，或肯定或否定，或拥护或反对，使批判与创新、继承与发展交织在一起，不断催生出新思想新理念，致使校园成为学术自由发展的广阔天地，同时也铸就了学校成员追求真理的卓越品质。

校园虽然有别于社会上的其他一些公共场所，被人们称之为"象牙塔"，这表明学校承千古之文脉，继历代之技艺，秉民族之精魂，引文化之风尚，海纳百川，壁立千仞。然而，学校机构毕竟是社会的组成部分，社会上所发生的任何事情都会在校园里有所反映，而学校成员的理论学说、行为举止也必将对社会产生影响，并强烈地冲击着社会上的意识形态，甚至引发一场大规模的运动，改变社会现状。于是，学校成员在真理追求的过程中便形成了一种关注社会发展的禀赋，既注重传承人类文化知识，也十分关注现实社会中出现的各类问题，以期用自己创建的理论学说和思想意识运用于实践中解决社会问题，从而实现理想和抱负。故此，勇于承担社会责任便成为学校成员追求社会真理的价值基础，展现了一种高尚的人文情怀。在这里，学校成员通过三种途径实现对社会真理的追求。

①培养文化创新人才

通过培养文化创新人才，学校成员向受教育者不断灌输某种文化意识，使受教育者逐渐成为此类文化意识的拥护者和创新人才。历史上但凡著名的有作为的思想家、政治家和社会改革者，他们大都在青年时代就接受了某种文化意识，以至于他们在尔后进行的社会改造实践中，在所推行的改革方案中，在所主张的理论观点中，以及所倡导的价值理念中，无不与当年受到某种文化意识的熏陶浸染存在着千丝万缕的联系。而学校成员对社会真理的追求，是通过不断灌输某种文化意识，培养文化新人才的途径获得实现的。

②著书立说

通过著书立说，学校成员能向世人广泛宣传自己对客观世界的认知、观点和态度，批判社会上的丑恶现象，提出解决社会矛盾和问题的思想、方法和路径等。这些学校成员都具有相当独立的思考能力和强烈的进取精神，他们向往真理，崇尚科学，敢于做社会的批判者，并以此推动社会文明的进步。所以，他们的思想学说往往经过广泛传播后，在社会上能够产生极大的影响。

③实际行动

学校成员们往往通过实际行动直接参与表达对社会真理的追求。学校教育的目的是培养全面自由发展的人，而学术之自由，精神之独立，成为学校成员独有的一种秉性。在此秉性的作用下，学校成员往往以天下为己任，不仅关注人间的世态炎凉，社会的兴衰变化，更希望能用自己的主张和行动，来改变和解决社会存在的问题。于是，现实主义的批判精神成了锐利的思想武器，而广泛传播理论和学说则体现了其内在的理想与抱负。因此，每当社会被一种阴霾所笼罩，或国家和民族处于危亡之际，学校成员总是冲锋在前，为社会真理的追求，奋不顾身与之抗争。

（2）对科学真理的追求

科学真理的追求成为学校成员推进科学技术发展与创新的力量源泉。校园不仅是传承人类文化知识的场所，更是一个推进科学技术发展与创新的重要基地。如果说，对社会真理的追求是学校成员承担社会责任的基础；那么，对科学真理的追求则成为学校成员推进科学技术发展与创新的力量源泉，其表现同样淋漓尽致，可歌可泣。

科学技术对于人类而言，不仅直接关系到人的生存物质条件的改善和提高，而且也是推动社会生产力发展的第一要素。在马克思看来，"科学和技术是一种在历史上起着推动作用的革命力量"[①]。故此，他曾明确指出："随着大工业的发展，现实财富的创造较少地取决于在劳动时间内所运用的动因的力量……相反的却取决于一般的科学水平和技术进步，或者说取决于科学在生产上的应用。"[②] 这说明，精神生产活动在人的各种活动中有着特别重要的作用，人之所以能够创造历史，就在于人能够进行精神活动，而人创造历史的依据就是他们的精神活动。

诚然，科学技术与改善和提高人类生存的物质条件有着极大的关系，是推动社会生产力发展的第一要素。但是，对于科学研究而言，它又是一个从必然王国走向自由王国的艰难过程，并非一朝一夕所能成就之事。马克思曾明确指出："在

① 马克思，恩格斯.马克思恩格斯选集（第3卷）[M].中共中央马克思恩格斯列宁斯大林著作编译局，译.北京：人民出版社，1995.
② 马克思，恩格斯.马克思恩格斯全集（第46卷）[M].中共中央马克思恩格斯列宁斯大林著作编译局，译.北京：人民出版社，1972.

科学上没有平坦的大道，只有不畏劳苦，沿着陡峭山路攀登的人，才有希望达到光辉的顶点。"① 因此，这就需要人们秉持一种坚韧不拔，对科学真理不懈追求的精神，才能有所作为、有所创新，并能最终取得成功。

所以，学校校园既是教育培养科学技术创新人才的摇篮，也是学校成员从事科学研究，推进科学技术不断发展与创新的基地。于是，进行科学研究便成为学校成员责无旁贷的一项重要工作。在研究的过程中，对科学真理的追求、服务于社会的最高价值取向以及造福于人类幸福等深刻内涵，全都融入学校成员毕生追求的理想和信念之中。在这里，学校成员通过两种不同的表现形式，展现了这种勇于进取的精神和坚韧不拔的高尚品质。

一是在勇攀科学高峰过程中，学校成员表现出了一种超出常人的坚韧意志和勇于进取的精神。科学研究是一项永无止境的工作，而世界上又没有永恒、终极的真理，因此，追求真理仅是一个认识客观事物的过程。如果说，掌握真理只是表明对客观事物的认知程度，那么，追求真理就是从已知领域出发，向未知领域进军。换言之，人对客观事物的认知，不论是经过自己实践直接占有，还是通过学习间接掌握，都是由实践到认识的第一次飞跃。而追求真理的行为，则是将已获得的认识在实践中进行检验、充实和发展，并从中获得新的认识，完成第二次飞跃。正因为如此，追求科学真理的过程是一个循环往复以至无穷的过程。

在追求真理的道路上永远没有止境，对于真理的认识只能在实践中不断完善和发展。只有那些不惧艰难险阻、勇于探索的前进者才能最终取得成果。著名科学家爱因斯坦就非常喜欢德国学者莱辛"对真理的追求比对真理的占有更为可贵"② 的名言，并常用此话教导学生，同时也引为自己的座右铭，终生奉行。

二是在科学研究过程中，学校成员始终秉持着一种反思与批判的精神。而这种精神主要表现为学校成员在教学和科研活动中，始终能够以科学的态度对待传统与现实，否定非科学的内容，破除迷信与保守，建立起科学的知识体系，进而在反思与批判中完成一个肯定与否定相结合的扬弃过程。于是，学校成员为推进

---

① 马克思，恩格斯.马克思恩格斯文集（第5卷）[M].中共中央马克思恩格斯列宁斯大林著作编译局，译.北京：人民出版社，2009.

② 王列平.透视 大学校史文化 [M].武汉：湖北人民出版社，2014.

科学真理的发展，不仅敢于挑战前人的理论与学说，坚持自己的不同观点和认识，同时还抱有极大的勇气进行自我否定和修正，并以服从真理为最高的价值取向。正是在这种精神的引导下，追求真理的信念成为学校成员不断推进科学发展与创新的力量源泉。为此，毛泽东曾指出："人类总是不断发展的，自然界也总是不断发展的，永远不会停止在一个水平上。因此，人类总得不断地总结经验，有所发现，有所发明，有所创造，有所前进。"① 这说明，人对于真理的认识是一个永恒的发展过程，只要物质运动不停止，人的认识也就没有穷尽的一天，而对客观事物认识的延伸必然就是思想意识的发展与创新。

学校是一个探索科学、追求知识、坚持真理的场所，在校史精神文化的传承中，捍卫真理的追求不仅仅只是在弘扬一种精神文化，而是通过弘扬这种精神文化，使人们在心目中能够筑建起捍卫真理的精神意志和敢于创新的文化灵魂。在这种精神文化的注入下，校史精神文化才能发挥正能量的作用，从而影响后继者的人生观与价值观，并将其塑造成为具有坚强精神意志和丰富文化灵魂的新人类。

二、校史精神文化与校园伦理

伦理与道德在概念上是有区别的。伦理主要是指人与人、人与社会之间应遵循的道德准则，是从理性的角度出发对道德现象的一种哲理思考。而道德主要是指规范人们的行为准则、所履行的义务和责任，并在具体行为上寻求一种理想的现实。中西方文化的碰撞与融合，使伦理与道德在一般意义的概念中出现了大致相同的解释，即伦理的道德观或道德的伦理思想。

马克思主义认为，"道德不是人的自然本质固有的'善良意志'，而是建立在一定社会经济基础上的思想关系，是一种特殊的社会意识或上层建筑"②。它作为思想关系，就其一般本质而言，是对社会物质关系的反映，是由社会物质条件特别是经济关系所决定并为其服务的社会意识形态。而作为一种特殊的社会意识形态，道德又具有区别于其他意识形态的特殊本质和规定性，从而使之成为凭借善与恶、正义与非正义、公正与偏私、诚实与虚伪等观念来把握现实世界的"实践精神"。

---

① 毛泽东.毛主席语录 [M].济南：济南出版社，1967.
② 李斌.高职大学生职业道德教育理论与探索 [M].长沙：湖南师范大学出版社，2011.

校园是一个教化场所，是培养、教育、引导人才成长的摇篮。因此，学校成员不仅应具有一般社会人所具有的伦理道德观，而且还应具有区别于一般社会人所持有的一种特殊的校园伦理道德观。由于道德具有很强的传递性和感染性，于是，学校成员的一言一行、一举一动都关乎人才的培养和教育，关乎文化的传播与科学知识的运用，关乎社会道德风尚的进步与发展。基于此，学校成员的为人师表和道德行为规范就显得极为重要，如严于律己的自省精神，学而不厌的至真精神，诲人不倦的至善精神，学术研究中唯实求真的品质，学术内容上海纳百川、兼容并蓄的胸怀，以及关注社会责任等品格。可见，对于学校成员而言，道德修身与理想追求是内在品质的表达，而道德义务与社会责任则是外在精神面貌的展现。故而，中国古代哲学家朱熹认为，"大学者，大人之学也"，[①] 即今意 "大德为首也"。[②]

所谓校园伦理，是从理性的角度出发对道德现象的一种哲理思考，明确人与人、人与社会之间应遵循的道德准则。因此，道德作为校园伦理的内在思想与文化形态，既客观地反映了校园内所发生的一切神圣性和人文本性的伦理关系，同时也具有很强的行为规范性和道德评判性。而以往学校成员在校园里所进行的一切道德活动，毫无疑问，表现出了一种特有的伦理文化。这种伦理文化既蕴含了学校成员的人文本性和道德标准，也展示了学校成员的道德情操和责任意识，是校史精神文化的重要组成部分。校史精神文化继承和传播既往校园伦理文化，对于后继者来说起到了一种楷模示范效应，能有效地促进人格教育培养的不断完善，使人才培养取得成效，使之达到一定程度的道德境界。与此同时，在继承和传播既往校园伦理文化的过程中，其内在的感染性也必将对后继者产生持久的影响，进而重塑学校职能的神圣性和人文本性，改变目前校园伦理失范的状况，提升学校成员的道德素质和人格修养，使校园真正成为学校成员的精神家园，并在引领社会道德风尚进步等方面发挥积极的作用。

（一）校园伦理的道德活动

学校之所以被人们称之为 "象牙塔"，学校成员之所以受到人们的尊重，除

---

① 姜国钧. 礼记选讲 [M]. 长沙：湖南大学出版社，2018.
② 王晓燕. 走向教育家 [M]. 长春：吉林大学出版社，2011.

了是因为学校是一个传承人类文化知识的场所，承载着教化人与培养人创新文化的社会功能外，在很大程度上还源于学校成员自身所表现出来的文明素质和道德修养。文明素质反映了学校成员具有的文化科学知识，而道德修养则体现了其所承担的义务和责任。

因此，校园伦理的道德活动包括了道德教育、道德责任、道德风范等内容，这也是全面提升校园伦理文化的重要途径。学校成员通过道德活动的开展，一方面采取各种教育形式，向受教育者灌输人类文明伦理文化，长而久之，在这种文化的浸染熏陶之下，受教育者逐渐成为具有崇高道德理想和深厚文化知识的新人类；另一方面，受教育者通过承担的道德义务和责任，对社会的道德现象做出价值评判，区分事物的美丑善恶，并以自身的道德行为，为社会道德风尚的改善与进步做出表率。于是，学校成员践行道德活动主要有三个方面的表现。

1. 行事"立德"教育

行事"立德"教育是建构学校成员践行道德活动的基础。事实上，学校教育存在着两种不同性质的文化继承与传递。一是智力文化教育，以传承人类社会的科学文化为主，它是以开发和提高人的智力为目的的教育；二是伦理文化教育，以传承人类社会的道德精神文化为主，它是以培养和铸就人的道德情操为目的的教育。

在这两种教育目的之间，必然有着孰轻孰重之分。对此，中国古代先哲早已做出明确论断，并将立德教育置于上首，其后才是立功和立言之说。原因在于，德是为人的真诚善念，是为众的精神特性，同时也是人之为人的根基和标志。孟子指出："人之所以异于禽兽者几希。"[①] 而这"几希"的差别就在于人有德性，只有守住德性，才能称得上真正的人。不仅如此，德性也是人的立世之本。人生在世，责任在肩，只有为他人、为社会尽到自己的责任，才能堂堂正正地立足于世。所以，立德教育的真谛是育人，而学校成员践行的道德活动，就是以从事道德教育为目的，寓教其中，使受教育者耳濡目染，以此奠定良好的道德基础，为培养人格完善的文化创新人才提供强力支撑。

在中国古代教育中，立德教育的重要性十分显著，古代有"国无德不兴，人

---

① 孟轲. 孟子 [M]. 杨伯峻，杨逢彬，译. 长沙：岳麓书社，2021.

无德不立"①之说,《大学》开篇之言为"大学之道,在明明德,在亲民,在止于至善"②。至于现代许多著名大学的校训中,有关德行的内涵比比皆是。例如,清华大学校训:自强不息,厚德载物。暨南大学校训:忠信笃敬。厦门大学校训:自强不息止于至善。东南大学校训:止于至善。南开大学校训:允公允能,日新月异。云南大学校训:自尊、致知、正义、力行。曲阜师范大学校训:学而不厌,诲人不倦。由此可见,在这些学校的校训中无一例外都将立德教育看作是培养人才的重要基础,并加以醒目地引导和明示。这种引导和明示,既阐明了立德教育的重要性和必要性,同时也成为继承与传递校史伦理精神文化的有效途径。

2. 履行道德责任

履行道德责任体现了学校成员践行道德活动的内在本质。在社会关系中,不管人们是否意识到,客观上每个人都要履行他对社会、国家和他人所应负的道德责任。也就是说,在一般正常情况下,社会每个成员主观上都要认真地选择自己的行为动机,并考虑行为后果。因此,道德责任反映了社会关系中的道德原则和行为规范,是进行道德评价的前提。由此,自觉遵守和履行自己在各方面所应承担的道德责任,是每个人应具有的品质。而要认真履行道德责任,一靠内心的坚强信念,二靠高度的道德责任感。

从校园伦理的角度看,学校成员所应履行的道德责任主要表现为对受教育者施以"躬身"为教的责任,使之受到心灵的感化,这些学生继而以师者为榜样,在实践中形成良好的道德修养。学校成员所从事的工作,一是传递文化科学知识,培养文化创新人才;二是进行文化科学研究与创新,推动社会发展。为此,我国著名的革命家、教育家徐特立曾对为师者有如此评价,他认为"教师是有两种人格的,一种是'经师',一种是'人师',人师就是教行为,就是怎样做人的问题;而经师是教学问的。我们的教学是采取人师和经师二者合一的""教书不仅是传授文化知识,更重要的是教人"③。在美国斯坦福大学前校长卡斯帕尔看来,"大学是一种公共服务,是一种庄严、高尚、崇高的公共服务"④。大学教师劳动的目的

---

①　中共中央文献研究室.十八大以来重要文献选编(中)[M].北京:中央文献出版社,2016.

②　邵逝夫.大学释义[M].北京:北京联合出版公司,2020.

③　武衡,谈天明,戴永.徐特立文存(第二卷)[M].广州:广东教育出版社,1995.

④　王列平.透视 大学校史文化[M].武汉:湖北人民出版社,2014.

是培养道德合格的人，是培养能够研究、创新、传播文化科学知识的人。

可见，对于学校成员来说，教书育人是履行自己所应承担的道德义务和责任。但在教书育人中，立德教育是为人之本，是培养文化创新人才道德完善的基础。于是，为师者从理论上对学生进行道德文化的灌输是一种教育形式，但更为重要的是为师者"忘言之教"的另一种教育形式，这种教育形式能起到无声胜有声的效果，在潜移默化之中让学生心灵受到感化，从而习之效仿。

中国古代教育家对此有许多宏论。如孔子指出："其身正，不令而行；其身不正，虽令不从。"① （即身教胜于言教，正人以正己为前提。）"君子之德风，小人之德草，草上之风，必偃。"② （即百姓的德行是受君子影响的。）孟子则认为："身不行道，不行于妻子；使人不以道，不能行于妻子。"③ 这是在告诫人们，要行道于人们，首先必须自己行道。而庄子对老子的"行不言之教"主张进行了发挥，"古之君人者，以得为在民，以失为在己；以正为在民，以枉为在己。故一形有失其形者，退而自责。"④ （即有道之君，是用身教而不是言教来教化百姓的，先在自身确立起"道"的原则，然后再去培养别人。）

所以，从为师者授道而言，对于学生进行伦理道德教育，不仅仅是在课堂上履行自己的道德责任，更要在日常的一言一行、一举一动中履行自己的道德责任。而这种道德责任的体现是真真切切的，也最能感染人、影响人，使之受教终身。

3. 展现道德风范

道德风范反映了学校成员践行道德活动的内在精神。所谓道德风范，是指道德行为中所表现出来的一种内在的精神气韵，它涵盖了人的风度、风格、气度、胸怀、节操等内容。因此，道德风范既全面反映人的道德意识和品德修养，同时也传递出人的精神境界和理想抱负，并以此成为人们评判道德行为、树立道德楷模的标准。从校园伦理的角度看，学校成员的道德风范主要通过四个方面的伦理精神来展现。

---

① 孔丘. 论语 [M]. 吴兆基，译. 成都：四川天地出版社，2020.
② 孔丘. 论语 [M]. 吴兆基，译. 成都：四川天地出版社，2020.
③ 孟轲. 孟子 [M]. 杨伯峻，杨逢彬，译. 长沙：岳麓书社，2021.
④ 庄周. 庄子 [M]. 肖无陂，译. 长沙：岳麓书社，2021.

　　（1）严于律己的自省精神

　　严于律己的自省精神是学校成员自我完善的道德基础。由于学校成员所从事的职业是传授文化科学知识，培养品德完善的育人教育。因此，这就要求为师者首先要注重自身的品德修养，才能在育人方面有所作为。自身品行都十分恶劣的人，岂能起到为人师表的作用？为此，在中国古代教育中特别注重为师者的品德修养，甚至要求在独处之时，仍具有自我反省、严格要求自己的精神，而只有如此，才能算是真正的君子。

　　于是，中国的慎独精神，则将为师者的品德修养推向了最高境界。在自省精神的要求下，学校成员将潜心治学、教书育人当作一种理想追求来实现。其中既承载了学为人师、行为世范的奉献之心和人文情怀，也体现了淡泊名利、志存高远的事业心和责任感。学校成员正是通过这种人格魅力和学识风范，来发挥教育和感染学生的作用。由此，言行雅正，举止文明；清廉从教，以身作则；自觉抵制有损教师职业声誉的行为，便成为学校成员追求的一种道德风范。而这种道德风范源自于中国传统文化的精髓，是中国从古至今为师者自我完善的道德基础和道德行为评判的标准。

　　（2）诲人不倦的至善精神

　　诲人不倦的至善精神是学校成员以人为本教育理念的体现。教育是一个崇高的事业，但对于学校成员来讲，如何才能使受教育者愉悦地接受和理解所传承的文化科学知识，这就需要在教育中运用至善精神达到施教的目的。而"诲人不倦"则集中体现了至善精神的本质，是以人为本的教育理念的反映。

　　在这里，师者与学生是一种教学相长的关系。而教学相长的关系则揭示了教与学之间相互制约、相互渗透、相互促进的既矛盾又统一的辩证关系，即在施教过程中，师生之间相互交流、相互沟通、相互启发，继而形成一种心灵交往与学习互动，使教与学两方面共同促进，以此形成共识、共享、共进的氛围，实现教与学共同发展的目的。而施教其本身也是师者提高和不断进步的重要途径，这对于提高师者自身的学习素养同样显得尤为必要。当然，从具体表现道德风范来讲，则更多地反映了为师者的施教方法上的一般规律，如循循善诱、谆谆教诲、耳提面命、因材施教、举一反三、融会贯通等。正是在这些施教过程中始终贯穿着的至善精神能够真正体现出为师者所具有的道德风范。

（3）学而不厌的至真唯实精神

学而不厌的至真唯实精神是学校成员推动文化创新的力量源泉。对于学校来说，传承文化科学知识、培养文化创新人才是承担社会责任的重要内容，而进行文化创新、科学研究、推动社会生产力的不断发展，同样也是承担社会责任的重要内容，并在某种程度上甚至比育人教育更为复杂，所要付出的心血和劳动还要多得多。其原因在于，任何一项科学的创新与发现都需要几代学校成员的不懈努力，几经挫折与失败，才能最终取得新成果。但由于在创新与发现过程中存在着许多不确定因素，以至于有可能出现毫无结果的研究局面。因此，在科学研究与探索过程中，学校成员必须秉持一种学而不厌的至真唯实精神，这样才能有所发展、有所作为、有所创新。

其实，学而不厌的精神不仅体现了学习中所表现出来的一种道德风范，同样也包含了许多求知求学的人生哲理。这正如孔子所说："知之为知之，不知为不知，是知也。"[①] 在学习文化知识和其他社会知识时，人们应当秉持一种虚心求学、刻苦学习的精神，这样才有可能尽量多地掌握知识。但是，尽管人的知识再丰富，也总有不懂的问题，那就应当具有实事求是的态度，学问愈深，未知愈重；越是学识渊博，越要虚怀若谷。

所以，对于学校成员而言，对不知道的东西，不仅应当老老实实地承认"不知道"，而且还要敢于说"不知道"，这才真正体现出一种做人的谦逊和治学严谨的态度。如世界著名物理学家、诺贝尔物理学奖获得者丁肇中教授在南京航空航天大学作学术报告时，面对学生的提问坦诚地用了三个不知道作答。虽然作答出乎所有学生的意外，但却赢得了全场的热烈掌声。而丁教授的三个不知道，不但无损于他作为科学家的光辉形象，反而更加凸显了他严谨的科学态度和诚实为本的道德风范。

（4）关注社会进步与发展

关注社会进步与发展是学校成员实现理想和抱负的基础。道德本身具有社会性，体现了社会价值观的评判标准。马克思主义认为，人们的行为，凡是有利于

---

① 孔丘. 论语 [M]. 吴兆基，译. 成都：四川天地出版社，2020.

社会进步和社会发展的，就是合乎道德的，反之就是不道德的。①对于学校来讲，学校是一个传承文化和创新科学的场所，是延续人类社会文化存在之根本。因此，学校的教育功能和科学研究功能，不会就此发生根本性的改变。从社会道德价值观评判出发，由于学校的基本功能与人类社会进步和社会发展密切相关，这就从根本上决定了学校成员所从事的职业是十分高尚的，学校成员只有具有良好的道德修养，才能忠实地履行所承担的社会职责。于是，在职业要求和环境因素的双重影响下，学校成员所表现出来的道德行为就蕴含着实现理想和抱负的追求，这既反映了道德的社会性和价值追求，也体现了道德中所固有的个性倾向性。

所谓道德个性倾向性，是指推动人进行社会活动的动力，并决定着人对周围世界的认识和态度选择以及趋向性的要求。换言之，道德个性倾向性包括了人的需要、动机、兴趣、态度、理想、信仰和价值观等，是自我实现的一种肯定和需要。对于一个国家而言，民族兴旺、社会进步都离不开学校教育和科学创新，而学校成员从道德个性倾向性的理性出发，以传承文化和创新科学为己任，这种道德风范既凸显了学校成员对社会进步所负有的使命感和责任意识，同时也体现了学校成员追求理想和抱负的远大目标。

学校成员之所以具有明显的道德个性倾向性，其原因在于自身有着较高的文化素质和道德修为，在于思想之自由和精神之独立的完善人格。这种完善的人格表现在履行社会职责方面，体现为恪尽职守、淡泊名利、志存高远、甘于奉献、自尊自律、清廉从教等精神品质；表现在维护社会公平正义方面，体现为不惧权势、不为苟利、宁折不弯、仗义执言等道德风貌。学校成员正是以此支撑起坚定的信念和做人的原则，并以良好的品行风范为世人所尊重。

（二）校园伦理的道德规范

道德规范属于道德意识范畴，是要求人们遵循的行为准则。道德规范源于人们的道德生活和社会实践，却又高于人们的道德生活和社会实践。因此，历史上不同时代、不同阶级的道德规范，都是从相应的时代要求和阶级利益出发，经过提炼概括而成，并用以指导人们的道德生活和道德行为。由于道德规范是由一定

---

① 马克思，恩格斯.马克思恩格斯选集（第3卷）[M].中共中央马克思恩格斯列宁斯大林著作编译局，译.北京：人民出版社，1975.

的社会物质条件和社会关系所决定，是一定社会或一定阶级的人们自觉行为的产物，这就造成不同社会的不同阶级有着不同的道德规范。

于是，在对待以往社会的道德规范问题上，马克思主义认为，道德规范是人类社会文明发展的产物，在肯定历史性和阶级性的基础上，不应否认道德本身具有的继承性。[①] 而任何先进阶级的道德规范，都是在继承和发展以往社会中有着积极和进步作用的道德规范。所以，在继承与发展以往道德规范问题上，人们既要秉持一种批判的态度，从中汲取积极和进步的内容为我所用，又要与时俱进，不断推陈出新，以适应时代发展的需求。

对于校园伦理的道德规范而言，它是依照学校成员所从事的特殊职业、生活环境，以及在教学和科研过程中根据需要逐步形成的具有普遍约束力的行为规范，它具有悠久的历史传统和广泛的民意基础，是调整学校成员之间，或个人与职业之间关系的原则和规范的总和。

在这里，虽然制度和道德都具有行为规范，但两者区别在于：前者是学校制订的行为规范，是管理学校的工具，并具有强制力的保障；后者却是一种理性契约，是学校成员在生活中逐步确立的道德规范，主要依靠人的自觉遵守和维护，以及发挥舆论来实现道德的力量。因此，道德规范以善恶评价为前提，依靠人的内心信念以及舆论和传统习惯来维系。

从校史文化的内容看，校园里所传承的道德规范，充分体现了学校成员的职业特征和道德品质，并与教书育人、科学研究等事业密切相关，进而反映了学校成员之间的行为准则和道德标准以及自觉遵守和维护道德规范的程度。故而，校园伦理的道德规范主要从四个方面涵盖了学校成员的行为举止和传统习惯，使之成为校史精神文化的历史遗产。

1. 道德规范体现了学校成员的职业特征性

由于社会是复杂多元化的，社会上既有约束一般人的道德规范，也有各行各业自身约束的道德规范。学校是一个教化场所，学校成员以教书育人、科学研究为己任。于是，学校成员常被社会人称为"塑造人类灵魂的工程师"[②]，这也说明了学校成员的职业特征性。职业特征性的不同，决定了学校成员的行为准则和道

---

① 王列平. 透视 大学校史文化 [M]. 武汉：湖北人民出版社，2014.

② 王列平. 透视 大学校史文化 [M]. 武汉：湖北人民出版社，2014.

德标准与其他行业的要求有所不同。从世界各国教育发展历程来看，学校成员之间相互默契所形成和遵守的道德规范都是极其严格的。英国著名教育家洛克认为，教师应恪守三条基本原则：第一，教师应以身作则，不可使学生受到不良榜样的影响；第二，教师的职责是培养学生的绅士风度，使学生形成良好的习惯、德行和智慧；第三，教师的自身德行最为重要。[①]

2.道德规范反映了学校成员的价值理性

马克思曾指出："个人怎样表现自己的生活，他们自己也就怎样。"[②]这说明，人的现实存在就是人们的实际生活过程的体现，而实践创新活动就是人的本真生存方式。基于此，人正是以自己的超越性和创造性从自然界中获得自由，使人的生命活动具有意识的。

价值理性是行为人注重行为本身所能代表的价值的结果。因此，价值理性是一种目的理性，追求行为的合目的性，它既不忌讳功利，也不回避功利，却又不以功利为最高目的，在肯定功利的同时又超越功利。在对待人的目的上，它既不否定人作为手段的意义，却又强调人本质上是目的而不是手段，人作为手段，只有在以人为目的，并以人为出发点和归宿的前提下才是合理的。为此，价值理性所诉求的合目的性，既是指合乎人的目的，更是指人本身这个目的。于是，在价值理性视野中，人是终极目的，是各种努力的终极关怀，而一切努力都是为了满足人的合理性需要，是为了发展和实现人的经济、政治、文化利益，维护人的尊严，提升人的价值，凸显人存在的意义，使之更好地生存、发展和完善。

作为学校成员的价值理性，道德规范在实际生活中有约束和规范行为举止的作用，但更为重要的是，学校成员通过道德规范的建构理性实现超越，完成一个理想的、应然的、合乎人的本性的目的。道德规范为学校成员设置了实然与应然、现实与理想、是如此与应如此等矛盾，这就从根本上支撑和引领学校成员去追求应然的道德完美，以实现育人成果与创新科学发展的目标。

3.道德规范维护了学校成员的学术求真性

学校成员的劳动中之所以具有很强的思辨理性，就在于劳动过程所呈现的复

---

① 　王列平.透视 大学校史文化 [M].武汉：湖北人民出版社，2014.

② 　马克思，恩格斯.马克思恩格斯全集（第 1 卷）[M].中共中央马克思恩格斯列宁斯大林著作编译局，译.北京：人民出版社，1995.

杂性、针对性和创造性，即传递人类社会文化知识、教育培养文化创新人才、创新与发展科学文化。仅就前两项劳动而言，它们一般都在中等教育进行，但创新和发展科学文化却只能在高等学校里得以实现，高等学校是社会上的重要创新基地。

为此，美国斯坦福大学校长杰拉德·卡斯帕尔曾说道："如果从事教学的教师不直接介入科学研究，那么，这种研究和教学的辩证关系也就变成无效的。如果一所大学只是维持教学，而无科学研究和创新发展，这就像高中的延伸或者是一个培训场所，不是我所认识的真正意义上的大学。"[①] 由此可见，创新与发展科学文化是高等学校生存的必要基础，也最能凸显学校成员对推动人类社会发展所做出的巨大贡献。

然而，由于学术创新成果的背后隐含着许多功名利禄的效益，这使得一些学校成员的私欲爆发，使其行为见利忘义，在学术研究上弄虚作假，甚至编造科学数据、抄袭和剽窃他人学术成果，骗取科研经费以及各种荣誉等。而这些伪科学、假科学的学术成果，对于推动社会科学文化发展不仅毫无意义，而且还将学校成员追求学术上的唯实求真的精神破坏殆尽，他们罔顾了学术道德良知，丧失了个人品行修为，败坏了学术风气，他们所做的这些事情是学校成员最为不齿的行为之一。所以，学校成员应秉持学术良知，恪守学术规范，尊重他人劳动和学术成果，诚实守信，力戒浮躁。抵制学术不端行为是维护学术道德的基本要求，也是学校成员历代相传和遵循的道德底线。唯有如此，学校成员才能真正起到为人师表的示范作用，从而在学术研究中获得唯实性的道德评判价值。

4. 道德规范维系了学校成员关系平等性

学校既然是一个传承人类文化知识、培养人才的场所，那么，其职能的神圣性和人文性决定了学校成员之间是一种平等尊重的互为性关系。而维系这种关系的内在作用在于道德规范的力量，即彼此认可敬重，人伦排序井然，相互切磋探讨，和睦相处关爱。其实，这种道德规范是社会伦理现象在学校环境中具有针对性的一种特殊反映，它囊括了人们对文化崇尚的神圣性以及发展和创新文化的欲望所体现的人文性，使之在追求科学真理的过程中互相保存一种和谐敬重、相互协作的关系状态。

① 王列平. 透视 大学校史文化 [M]. 武汉：湖北人民出版社，2014.

当然，由于中西方历史与文化背景不同，学校成员之间的平等性道德规范也存在着一定的认知差异。但就总体而言，其在尊师重教、自尊自律、求同存异、理解包容等方面还是有着许多共同之处。

西方教育思想中，自然主义教育十分明显，在强调学校成员之间的关系上似乎更加平等和谐。教师必须了解学生，以适应学生的自然发展为目标，不干涉学生的兴趣爱好，尊重学生的自由选择。而这种师生关系，与西方教育深受实用主义和功利主义的价值导向影响有关。例如，美国将教育仅视为一种公众服务，学生是上帝，教师有义务为学生服务，师生之间是服务与被服务的关系。而在教员之间，虽然强调个人功利主义作用，但却极为注重相互间的协作，并尊重对方人格，承认他人学术成果。

在中国传统教育思想中，人性教育占主导地位，在强调学校成员之间的关系上，人伦排序十分严格，以师道尊严维护教师的权威性，对为师者的品德修养要求甚高，在注重尊师重教的同时，也十分强调为师者对学生的影响，并以此作为道德评判标准。这种道德评判现象，势必影响道德平等性的发挥，使学生对为师者所能产生的只是崇拜和敬畏之心，而欠缺亲近和理解之情。而师者之间，则注重个人品德修养，将尊重他人视为尊重自己，鄙视功利主义，倡导将集体主义精神作为学校成员共同遵守的道德底线。然而，某些学校成员在对待学术成果和创造文化方面，却又有一种文人相轻的意识纠结，以致相互协作之时产生一定障碍。

第二节　校史物质文化

所谓物质文化，是指为了满足人类生存和发展需要所创造出来的物质产品及其所蕴含的文化要素。其中包括了饮食、服饰、建筑、交通、生产工具等，是一种文化要素或者文化景观的物质表现。因此，物质文化的基本特征是具有一定的色彩和形态，其构成极为广泛，可泛指人类社会生活与生产的每一个领域。在人类历史上，物质文化首先被创造出来，其后才在此基础上创造出非物质文化。

为此，在物质决定意识的问题上，恩格斯曾深刻指出："马克思发现了人类历史的发展规律，即历来为繁茂芜杂的意识形态所掩盖着的一个简单事实，人们首先必须吃、喝、住、穿，然后才能从事政治、科学、艺术、宗教等等；所以，直接的物质的生活资料的生产，因而一个民族或一个时代的一定的经济发展阶段，便构成为基础，人们的国家制度、法的观点、艺术以至宗教观念，就是从这个基础上发展起来的，因而，也必须由这个基础来解释，而不是像过去那样做得相反。"①

学校校史物质文化凝聚了学校成员的智慧、意向、情绪、审美意识等，既是学校历史发展的物化产物，也是学校历史发展物化的文化产物。故而，学校校史文化通过历史物化的再现，表达和传递了校史精神文化，映照了历代学校成员的奋斗足迹，彰显了办学特色和理念，启迪了后辈学人的心灵，它是继承学校文化传统的基点，是开创未来的力量源泉。

一、校史物质文化概述

校史物质文化，是指满足学校创建和发展的物质基础以及物质中所蕴含的一种特殊文化。如果没有物质文化的存在，也就不可能有学校的存在，更遑论学校文化了。故而，这些物质文化亦被称为物化的文化，是学校成员传承和传播人类文化、创新文化的物质基础。这些物质文化的形成过程反映了人与自然的关系，反映了人对自然界的认识、利用和改造程度，反映了社会生产力的发展水平等。于是，校史物质文化具有了物质性、基础性和时代性的属性。

校史物质文化是以学校教育、科学研究、培养文化创新人才为服务对象的，因此，作为一种物化的文化形态，校史物质文化既蕴含着丰富的人文精神和自然美感，也必然影响着学校成员的思绪情怀、智慧灵感、审美价值、追求探索，并通过物质文化的承载与传递，折射出学校的文化魅力，以此达到教化人、启迪人、感化人、催人奋进的目的，进而激发出学校成员的文化创新潜力。

（一）校史物质文化的内涵

所谓物质，是指在人们的意识之外独立存在，但又能为人的意识反映的客观

---

① 马克思，恩格斯．马克思恩格斯选集（第3卷）[M]．中共中央马克思恩格斯列宁斯大林著作编译局，译．北京：人民出版社，1972．

实在。这正如马克思所言："物质生活的生产方式制约着整个社会生活、政治生活和精神生活的过程。不是人们的意识决定人们的存在，相反，是人们的社会存在决定人们的意识。"[①]而列宁也指出："物质是标志客观实在的哲学范畴，这种客观实在是人通过感觉感知的，它不依赖于我们的感觉而存在，为我们的感觉所复写、摄影、反映。"[②]这说明，物质是不依赖于意识而又能为人的意识所反映的客观实在。世界的本质是物质的，意识是物质高度发展的产物。运动是物质的根本属性，时间和空间则是运动着的物质的存在形式。自然界和社会的一切形象，都是运动着的物质的存在形式。

然而，学校物质与自然物质虽然都属于物质类别，但因学校物质中具有了文化价值属性，于是从物质原本的意义讲就发生了很大变化，其文化的性质成了物质主要内涵，承载于学校的物质基础，并主导着物质文化的产生和不断变化。为此，校史物质文化具有以下五个方面的内涵属性。

1. 校史物质文化是创造出来的

校史物质文化是在学校诞生、进化过程中衍生或创造出来的。自然存在物不是文化，只有经过人类有意或无意加工制作出来的东西才是文化。例如，水不是文化，水库才是文化；石头不是文化，石器才是文化等。学校里的所有物质包括各种建筑、教学模型、实验器具、牌匾壁画、亭台楼阁、运动场馆等，都是经过人们创造加工制作出来的，并被赋予了物质浓厚的文化价值，这些物质成了一种文化现象，寄托了学校成员思想意识、价值观念、审美情趣等。所以，学校里的物质不是自然物，而是具有浓厚文化价值的物质文化。

2. 校史物质文化是后天赋予的

对于学校物质而言，其学校文化价值是后天赋予的。例如建筑物，它的存在具有文化价值，但不一定具有学校文化价值。前者是遗传的，后者体现了一种文化。同样如此，一栋房子可以住人，但也可以当作教室或实验室使用。前者只体现了物质的使用价值，后者却体现了学校文化价值。因此，学校里一切物质内涵的文化价值属性都是由学校成员后天赋予的。

---

① 　马克思，恩格斯. 马克思恩格斯选集（第 2 卷）[M]. 中共中央马克思恩格斯列宁斯大林著作编译局，译. 北京：人民出版社，1995.

② 　列宁. 列宁选集（第 2 卷）[M]. 中共中央马克思列宁恩格斯斯大林著作编译局，译. 北京：人民出版社，1972.

3. 校史物质文化是共有的

学校文化是学校成员共同创造的属于学校的物质文化产物，它必须为学校群体成员所共同接受和使用，才能成为一种校史物质文化。如果纯属私人所拥有的物质文化，不是为学校群体成员所共同接受和使用的物质文化，那么其不能称之为校史物质文化。

4. 校史物质文化是动态发展的

校史物质文化的形成是一个连续不断的动态过程。校史物质文化既是一定社会、一定时代的产物和历史遗产，同时也处在连续发展和不断积累之中。每一代学校成员都生活在一定的文化环境之中，并且自然地从上一代学校成员那里继承校史物质文化。但同时，每一代学校成员又会根据自己对文化的理解和需要对校史物质文化加以改造，不断地注入新的内容，甚至抛弃那些过时的不符合需要的部分，重新进行创造。所以，校史物质文化的时代特点十分鲜明，并随着时代的发展而发展。

5. 校史物质文化受经济基础制约

校史物质文化受经济基础制约表现出了十分强烈的民族性。从一般意义上讲，校史物质文化的形成与发展，受自然环境和社会物质生活条件的制约。中国早期的校史物质文化比较简陋，学校除了几栋教学楼、图书馆、宿舍外很少有其他物质文化，理工科学校就连进行科学实验用的仪器设备、教学模型等也几乎寥寥无几。但随着生产力的发展，经济条件的改善，校史物质文化也逐渐丰富起来，学校设立了实验室、配备了先进的教学仪器，修建了运动场馆，甚至还建有艺术文化馆、名人塑像、假山花园等。这些物质文化的增加，不仅极大地丰富了校史物质文化，丰富和提高了学校成员的思想意志和文化品位，同时也为推进学校科学研究发展和文化创新奠定了坚实基础。

（二）校史物质文化的特征

在校史物质文化形成中，由于地域风俗、民族文化的差异，以及时代文化的不同，其物质文化的表现形态也风格各异、千姿百态，在中国校园里建筑风格和校园设计方面表现得最为明显。一般来说，建校历史悠久的学校，大都以中国文化传统建筑为主，但也有一些西洋建筑，或者中西合璧建筑。在少数民族地区的校园里，其建筑风格和设计大都以浓郁的民族特色为主，但也有不少建筑融入了近代或现代风格。这说明，校史物质文化具有多样性，它代表着一个民族总体文化、习俗的内在蕴含。

由此可见，校史物质文化表现出了校园中一种特殊的物质文化现象，它既是社会物质文化的结晶，也具有校史精神文化的含义。因此，校史物质文化作为一种社会特定的空间所造就的物质文化现象，具有以下五个方面的特征。

1.校史物质文化的特色性

既然学校物质中的文化元素是学校成员赋予的，并寄托了学校成员的办学理念，那么，在物质中就必然体现学校文化，反映学校精神，它必须要为实现学校培养文化创新人才的目标服务。为此，校史物质文化与社会其他物质文化就存在着很大区别，具有自身物质文化的特色性，而特色性的表现主要有三个方面。

（1）内在属性方面

从学校的内在属性看，校史物质文化是为了继承和传播人类文化知识，进行科学研究而存在的。学校的建筑物主要有教学楼、实验楼、讲演堂、图书馆、档案馆、博物馆等。这些建筑物的存在，是为了开展教学活动、进行科学实验，以及保管书籍、资料、档案所用。可见，学校建筑物的用途与社会建筑物的用途截然不同。

（2）办学目的方面

从学校的办学目标看，校史物质文化是为了培养文化创新人才，推动社会科学进步和发展而存在的。学校所使用的物质主要为教学器材、实验设备、图书资料等，使用这些物质能帮助学生获取更多的文化知识，开展科学实验活动，从而使他们成为具有文化创新能力的人。可见，学校在使用物质的用途上有其特定的目标。

（3）校园布局方面

从校园的布局看，校史物质文化一是为了营造良好的读书学习环境；二是为了通过清新自然的校园环境使人们的紧张情绪得以舒缓放松；三是为了展示学校深厚的文化底蕴，体现学校成员的文化品位和审美情趣。因此，校园的物质环境往往呈现出花团锦簇、绿树成荫、小桥流水、亭台楼阁、碑文石壁、塑像群雕等园林式的格局。而学校成员也往往在此或读书讨论，或散步思考，或欣赏品评。总之，校园清雅恬静的物质环境，既是读书学习的必要条件，也有助于学校成员思索未来，养成喜欢清静的习惯。

2. 校史物质文化的形象性

校史物质文化一般泛指实现学校教育所需的物质基础。这种物质基础不是自然物，而是通过人们反复加工制作后，被打上了学校成员的印记，赋予了文化内涵的物质形态。校史物质文化作为一种文化现象，一旦形成后，便会脱离建造主体而独立存在，并代表学校文化形象来反映学校成员的思想意识、价值观念、审美情趣。故而，在学校文化发展过程中，历史上所遗留下来的物质基础无不蕴含着丰富的文化内涵，哪怕是一栋小楼、一块石碑、一座古塔，甚至是一具教学模型、一张陈旧报纸、一本书也都形象地再现和传递了历史文化信息。

校史物质文化从三个层面以形象性的手法，真实完整地再现了学校文化发展的全过程，传递了历史文化信息。

（1）从动态层面反映了学校文化的发展

学校文化的形成经历了一个漫长的历史发展过程，但每个时代的社会经济基础不相同，其政治、文化、风俗也是不尽相同的。于是，这就必然影响和制约学校物质基础的发展。不仅如此，每个时代学校成员的意识、观念、情趣也不尽相同，这便造就了校史物质文化的多样性和丰富性。所以，校史物质文化通过形象性的表达，既真实完整地传递学校历史文化的信息，也体现出校史物质文化是在历史动态中继承和发展起来的。

（2）从价值层面反映了学校文化内在价值

校史物质文化是学校文化的重要组成部分，反映了学校成员的文化价值观和审美价值观。从价值取向的动机看，校史物质文化诞生必定要符合学校成员的文化价值观和审美价值观，以及所要追求的脱俗清新、与众不同，符合学校成员的理想和情趣、雅致和品位的物质文化。换言之，这种理想和情趣、雅致和品位的物质文化形象，必须真实客观地反映学校文化的内在价值，才能成为学校成员乐意接受并认同和欣赏的物质基础。

（3）从使用层面反映了校史物质文化教育内涵

校史物质文化的存在是为了继承和传播人类文化，进行科学实验研究，培养文化创新人才，因此，从物质文化的角度看，使用物质文化，一方面能使学生形象地获取众多的文化知识，进行科学实验研究，从而达到传承文化培养人才的目的；另一方面，物质文化本身具有深厚的历史文化底蕴，通过开发和利用能使物化的文化形象地发挥教育作用，并以潜移默化的形式熏陶受教育者，使之在享受精神文化的同时，也能收获思想的感悟和文化的启迪。

3. 校史物质文化的人文本性

校园是一个具有高度人文本性教育的生存环境，而校史物质文化也是按照人文本性的教育理念、价值追求和科学研究的特点，设计和创造的物质空间。于是，在学校物质的设计和创造过程中，不但凝聚了学校成员的聪明才智、文化品位、审美情趣，更是融入了人文本性教育的价值观和科学研究的发展观。从教学楼的设计到教学设施的配置，从图书馆的建造到藏书量的拥有，从实验的规模到实验手段的不断更新，从园林式的校园布局到绿荫葱葱的运动场馆，在学校所拥有的这些物质基础中，无不渗透着各种文化元素，它们主导着物质内在属性。这些物质中的文化元素反映了学校成员文本性教育理念，其最终目的，是促进人的全面自由的发展，为培养文化创新人才提供必要的条件。

所以，校史物质文化中具有浓厚的人文本性，并在校园里四处弥漫，既无处不在，也无处不有，以此造就了一个高度人文本性教育的生存环境。当然，这个人文本性教育的生存环境，与学校成员在物质设计和创造过程中所赋予的文化元素有着分不开的联系。由于学校成员在学校物质中注入了浓厚的人文本性教育理念，校史物质文化具有了明确的价值取向，成为学校继承和传播人类文化不可或缺的重要手段和使用工具。

4. 校史物质文化的凝聚性与承载性

校史物质文化表现了学校物化的文化，从物化的文化所产生和形成的过程看，它不仅被深深地打上了学校成员的印记，同时也不断被注入学校成员的思想意识、价值观念和审美情趣等精神文化。于是，校史物质文化便成为凝聚融合学校文化的有机结合点，以此固化学校成员的智慧、观念、追求、情绪和审美意识。在这种固化作用下，学校文化不断地吸收和凝聚新的文化内容，使文化的容量逐渐扩展，内容更加丰富，直至成为学校成员永无止境的追求目标，彰显学校文化的重要标志。

校史物质文化是精神文化在物质上的折射反映，这也使得物质文化具有了一种强大的承载性。而这种承载性，一方面可以通过物质文化传递出学校成员人文历史发展的各种信息，使人们了解文化的历史进程和演变；另一方面也能使学校文化获得生命的延续和传播，并成为文化创新的源头。其实，当人们追寻历史文化起点时，往往总是从物质文化着手进行分析、研究和论证，因为只有物质文化的存在才最真实、最可靠、最完整地叙述了历史文化的变迁和百年沧桑，而且它也是最具有说服力的历史凭证。而人们之所以要追寻历史文化的起点，就在于人们需要继承和传播文化。假如物质文化不具有历史的承载性，那么人类文化经过几十年后将会被逐渐失忆忘却，甚至被历史所湮没。所以，校史物质文化的承载性是其本质的反映，校史物质文化更是学校成员继承和传播人类文化的重要工具。

5. 校史物质文化的折射性与彰显性

校史物质文化承载着学校的人文历史发展的各种信息，凝聚着学校成员的精神寄托，并再现了学校文化。因此，校史物质文化不仅仅是一种物化状态，更重要的是它通过物化状态中所蕴含的文化元素，折射出学校文化的精神内涵。其中，既凝聚了学校成员办学理念、教学方法、学术思想、审美意识等无形的精神文化，同时也彰显了学校所拥有的教学楼宇、实验设备、图书档案、校园建设等有形的物质基础。于是，从反映学校文化的角度讲，只有将无形的精神文化与有形的物质基础相结合，才能完整全面地反映学校文化。

在物质文化的结构中，其折射性与彰显性分别表达了两种不同意思。就物质文化的折射性而言，它是通过文化属性来解释和认知物质文化所要表达的另一层意思。而物质文化的彰显性则反映了物质基础的作用，以及文化价值的体现。例如：北京大学著名的物质文化"塔湖图"，即博雅塔、未名湖、图书馆，就充分说明校史物质文化的折射性和彰显性的特征。这些物质文化不仅折射出了历代学校成员的精神思想、人文情感、审美情趣等文化内涵，同时也彰显了一种历史文化价值的存在，象征着一种美好的理想追求，构建了一幅学校校园宁静、雅趣、和谐的画面。

故此，当校史物质文化作为一种文本符号出现时，所折射出来的是创作者的精心创意和艰苦劳动，以及设计者的理想追求和情感寄托；而彰显出来的却是一种精神文化、价值观念、审美情趣等。所以，校史物质文化正是通过折射性和彰显性继承和传播学校文化。

（三）校史物质文化的分类

由于校史物质文化内化于校园里的每个角落，并不断地散发着各种文化精神气息，对于这种既凝聚着学校成员的观念形态，体现了学校成员的精神文化，且又无处不在，无处不有，分布十分广泛的校史物质文化，有必要进一步认真地梳理和分类，更加清晰地对校史物质文化具有的功能作用进行分析，从而因势利导充分发挥校史物质文化内在的功能效益，进一步促进学校文化建设，实现人的全面自由发展的教育目标。

物质分类比较复杂，一般来说主要是以概念来划分，即物质分类、物质主体、物质属性、物质用途等。当然，如果从其他角度来划分物质文化，会有更多的划分法。例如文物认定，就必须从它的历史性、艺术性或科学性来划分和确认价值。故此，对校史物质文化所采用的是一般的概念划分法，即按物质分类、物质主体、物质属性、物质用途等给以大致划分。

1. 以物质的年代为依据

按物质的年代可将校史物质文化划分为传统物质文化和现代物质文化等。因此研究者们在进行分类时，就要确认传统物质文化的年代划分，即多少年以上的物质文化为传统物质文化。

2. 以物质的归属为依据

按物质的归属可将校史物质文化划分为建筑文化、器具文化、纸质文化、生活用品文化、环境文化等。物质的归属是将物质按照不同属性进行分类区别。总体来说，学校物质是保障学校正常运转的基本物质基础，它包括了校园里的各类物质基础。

（1）建筑群

建筑群是指教学楼、实验楼、办公楼、大会堂、图书馆、体育馆、宿舍楼、食堂等学校建筑。

（2）使用器具

使用器具即教学器具、实验器具、办公器具、运动器具等校园日常活动中所使用的器具。

（3）纸质物品

纸质物品指的是图书、杂志、报纸、资料、档案、文件、宣传物品等。

（4）生活用具

生活用具指的是床、书桌、书架、卫生设施、饮食设备等。

（5）环境物质

环境物质指的是塑像石碑、亭台楼阁、拱桥流水、花草树木、宽阔道路、通幽长廊等。

上述这些学校物质基础，不仅是学校成员所共同拥有的物质文化，也反映了学校成员的日常生活、学习、工作、研究的状况。学校成员在物质文化的陶冶之下，逐渐地形成并孕育出学校文化和学校精神，而这种文化和精神极具生命力和创造力，逐渐成为引领社会文化发展的先锋。

3. 以物质的用途为依据

按物质的用途可将校史物质文化划分为教学器具文化、实验器具文化、办公器材文化、图书档案文化、影像器具文化、体育艺术器具文化、标志象征文化等。物质的用途是在物质归属的基础上，进一步指向物质使用的具体对象，并通过物质用途对象的明确，进一步发挥其物质内在功效，使人在掌控物质过程中更好地发挥主观能动性，从而借助物质的力量实现人的理想和追求。

其实，对校史物质文化分类不是目的，重要的是通过分类来确认校史物质文化功能，以此推动学校文化建设。在黑格尔看来，人类伴随着物质的发展而逐渐成熟。物质为人类的生存提供了条件，当人类成熟后就应摆脱这种控制，重新创造物质为人类服务。[①]

---

① 黑格尔.哲学史讲演录（第1卷）[M].贺麟，王太庆，译.北京：商务印书馆，1959.

4. 以物质使用主体为依据

按物质使用主体可将校史物质文化划分为教育文化、生活文化、精神娱乐文化等。物质使用主体决定了物质运动的方向，并表明物质运动产生的结果。学校存在的目的，一是传承文化和培养人才；二是进行科学实验和发明创造。于是，对于学校而言，物质使用主体需要依据学校办学目的来设计和制作。毫无疑问，教育文化是学校物质使用主体。但是，教育文化的最终目的，是培养全面自由发展的人，而人需要生存的基本物质条件和精神娱乐物质条件作为保障，才能从事其他活动，实现教育和科学实验目的。为此，在学校物质基础中，教育文化、生活文化、精神娱乐文化便成为物质使用主体。

二、校史物质文化的功能

校史物质文化的产生有其独特的生存环境，它是学校成员在长期教学科研的实践过程中，结合学校教育特点创造出来的，并具有浓厚的校园文化特色，它既反映了学校成员的思想文化、价值取向，也记录了学校不断延续发展的历史过程。因此，从校史物质文化的变迁中，便可领略到物质文化对学校文化建设所起的重要作用。

（一）传承性与延续性的功能

校史物质文化与人类历史文化相通，都具有内在的延续性和传承性功能。人类文明发展的历史充分说明，当人类在改造自然环境过程中，总是通过自觉和不自觉的行为给自然界打上人的主观烙印，并通过物化的表现形式影响后者对自然界的进一步改造，进而创造出满足人类生存需要的物质产品。

同样如此，校史物质文化的出现是学校成员对自然物的一种有效的改造，在此过程中他们既创造出了新的物化形态的物质，同时也将学校文化元素融入其中，并在其上打上了学校理念的烙印。于是在校史物质文化中便记载了学校的发展历程，体现了学校的文化和精神，反映了学校成员的教育理念、文化价值和审美观念，并以一种物质不灭的特性在后继者中间延续和传承。当然，这种延续和传承具有连续性，并通过不断的积淀、扬弃、创新、发展，使之"有如一道洪流，离开它的源头愈远，它就膨胀得愈大。"[1]

---

[1]　黑格尔.哲学史讲演录（第1卷）[M].贺麟，王太庆，译.北京：商务印书馆，1959.

所以，学校除了将自身形成的文化意识进行有效的传递和辐射外，再就是物质文化的延续和传递了。其实，学校文化之所以能薪火相传，在很大程度上得益于物质文化的保存与延续。如果没有物质文化作为学校文化的载体，切实有效地保存了学校文化，那么，用不了多长时间，学校文化就会被历史的长河所湮没。

（二）选择性与批判性的功能

对文化的选择与批判是学校文化的基本功能，此功能在校史物质文化中也表现得十分突出。学校文化是一个开放性的文化群体，汇集了社会上的各种文化意识和价值观念，相互之间发生碰撞与交锋是其必然的结果。学校文化只有经过选择与批判的过程，才能获得学校群体的一致认同，从而真正形成一种共性的文化意识和价值观念，从而更好地进步与发展。

校史物质文化深深地被打上了学校成员的烙印，融入了学校成员的文化观念和审美意识，这也使得校史物质文化同样具有选择与批判功能，折射出学校成员在文化观念与审美意识之间发生的碰撞与交锋，并最终与社会主流文化相契合。当然，学校文化毕竟不同于社会文化，虽源自于社会，但却高于社会。于是，在校史物质文化形成过程中，文化碰撞与交锋的结果主要体现在学校的建筑物和校园整体规划布局上。由此，经历了文化的选择与批判后，校史物质文化也更能符合学校教育理念和办学特点，契合学校群体对文化认同的一致性，并在逐步凝练升华的基础上，给后继者留下一份珍贵的物质遗产。

（三）展示性与标识性的功能

校史物质文化与其他文化一样，具有内在自身的鲜明特征，即展示性和标示性功能。物质文化往往通过展示性和标示性功能，使人从中能领略到物质文化背后所隐藏的思想、观念、文化等不曾出现的意识形态，从而感悟到内在的一种精神世界，这对于重新认识事物的本质将起到极大的作用。

曾任清华大学校长的梅贻琦先生说："所谓大学者，非大楼之谓也，有大师之谓也。"[1]实际上，对于学校教育而言，大师与大楼同等重要。所谓大楼，即指承载了人类文化传承和科学创新的学校物质基础，这对于理工科学校来讲显得尤其必要。如果学校里没有足够的教学设备和仪器，科学实验将无法进行，又何谈文

---

[1]　朱平.所谓先生[M].北京：同心出版社，2013.

化创新、科学技术进步。过去，中国学校科技水平之所以落后于国外学校，很大程度上源于实验设备和器具的严重匮乏，物质基础十分薄弱，以致许多科学实验无法完成。

事实上，在人们心目中，大楼从某种意义上展示了学校的物质基础，标识了学校的文化象征。大楼默默地承载着学校成员的思想、理念、价值、审美等意识形态，并随风飘移在校园里的每一个角落。只要人们认真地去感受它，便可清楚地了解学校成员向往什么、崇尚什么、珍爱什么、鄙视什么、憎恨什么。而这也就是校史物质文化的魅力所在，以至于毕业多年重返母校的学生，在心目中总有一种回归精神家园的感觉和亲切。

（四）内化性与陶冶性的功能

学校的功能就在于传承文化、培养人才，进行科学研究。自诞生以来学校就以一个社会组织的单元形式不断地延续和发展，在此过程中，校史物质文化发挥了重要的作用，它既能内化学校成员的精神世界，也能陶冶学校成员的道德情操，从而达到一种无声胜有声的效果。对于内化的过程，美国社会心理学家费斯汀格认为，改变人们观念的方法只是一种现象，实质上是人们已有的认同点。这个认同点即主体认知结构中与外部刺激一致的观念。[1]换言之，所谓"内化"，是将自己认同的新的思想与自己原有的观念、信念结合起来，构成一个统一的态度体系。这种态度是持久的，并逐渐成为自己人格的一部分。

例如，当人们站立在具有历史意义的建筑物或名人雕像前，难道心中没有所思所想，没有所要追求的理想？当人们走进实验室操作手里的设备进行实验时，难道不觉得科学伟大和神圣？当人们静坐在图书馆阅读着书籍时，难道不觉得人类积累的知识像大海一样宽广？当人们置身于优雅环境，欣赏着自然景物的美丽时，难道不是一种审美情趣的流露？所以，物质文化与人的精神世界是在一种互动和交流中进行的，由此体现了物质文化内化和陶冶的功能。

正因为如此，物质文化对于校史精神文化能起到概括和引导作用，并能促使学校成员在精神文化方面，由模糊到明确，由自发到自觉，逐渐产生一种支配行为的意识。如北京大学在建筑物上采用"七斋"连接命名，诠释了"德才均备体健全"

---

① 费斯汀格.认知失调理论 [M].郑全全，译.杭州：浙江教育出版社，1999.

的含义。而清华大学则采用"八斋"连接命名，组合成"平静明善，强诚立新"，这既反映学校成员的理想和信念，也表现了学校成员自强不息、追求卓越的精神。

第三节　校史制度文化

一、校史制度文化概述

文化是一种社会交流与传递的方式，并通过特定途径被社会成员所共同获得，而这种获得共同文化的特定途径，就是文化得以交流与传递的制度文化。文化的存在只有被认同和学习时才具有价值意义，但被认同和学习的实现，则又必须依靠相关的制度规则。为此，制度文化将文化与制度有机地统一起来了，当文化体现为规则时，它必然反映文化的价值、文化的精神、文化的理念；当制度体现为规则时，也必然采取或风俗、或习惯、或制度等表现形式。因此，从某种意义上说，没有文化价值的制度是不存在的，而没有制度形式的文化也是不存在的。

校史制度文化是学校在历史进程中形成的，它既是学校文化中的有机组成部分，也是校史精神文化的产物和物质文化的工具。于是，校史制度文化便构成了学校成员行为举止和活动规律的一种规范、规则、习惯，并由此主导和制约了精神文化和物质文化的文化层面，为人们提供观察和理解学校成员行为举止和活动规律的钥匙或模式。

（一）校史制度文化的内涵

1. 制度与制度文化

对"制度"理解的迥异，会出现不同的制度文化定义。如将"制度"理解为组织、团体的体制，就会将"制度文化"界定为对群体、组织、政府等主体的文化行为规范和要求；如把"制度"理解为社会体制，就会将"制度文化"的概念定义为社会体制的文化价值性，是对经济体制、政治体制提出文化价值观和价值趋向性的要求。因此，要界定制度文化首先要把握"制度"的内涵，弄清楚"制度文化"这一范畴的确切内在含义。

　　其实，今天人们提出的"制度文化"这一范畴，与 20 世纪 80 年代以来对西方制度经济学理论的引进和借鉴有着密切的关系。而对于"制度文化"中的"制度"一词的理解，也多来自制度经济学中对"制度"一词的解释。如新制度经济学派代表人物凡勃伦认为，制度就是一种习俗，是因被习惯化和被人广泛接受而成为一种公理化和必不可少的东西。康芒斯却认为制度就是以"集体行动控制个体行动"①。诺斯则指出："制度是社会游戏的规则，是人们创造的、用以限制人们相互交流行为的框架"②，即"制度是一系列被制订出来的规则、守法程序和行为的道德伦理规范，它旨在约束追求主体福利或效用最大化利益的个人行为"③。基于对上述制度概念的理解，他们又将制度在层次上划分为正式制度和非正式制度。而正式制度是指一定组织通过法律、政策等对经济主体行为的约束和规范；非正式制度是指社会公认的、不成文的行为规范，包括习俗、道德、意识形态等。

　　在中国，关于制度的理解与上述大致相同，也有规范、规则的含义。如《现代汉语词典》解释为："要求大家共同遵守的办事规程或行动准则。"但是，词典还有另一种解释，它说明了另一层意思，即"在一定历史条件下形成的政治、经济、文化等方面的体系"。④ 这就是说，制度不是一般意义上的规范、习惯，也指有组织的、整套的社会规范系列和体系。所以，当人们在使用时常常有前缀"经济""政治""文化""法律"等社会组织性质，以及封建主义、资本主义等社会体制性质的词。这说明，制度不仅仅只是制定法度、规范，更重要的是由谁来制定，按什么程序来制定，以及制定后该如何执行，又由谁来监督等。在这些方面就蕴含了是否合理、是否公正等价值评判内容。对此，如果给制度以较为宽泛的理解，既可以指正式制度，也可以指非正式制度，那么制度就是指以法度、规范、规则、习惯等为核心，并依照一定的程序由社会性组织来颁布和实施的一整套规范体系和社会运行机制。⑤

　　至于制度文化，主要是运用文化学的方法对制度加以分析和解释。对制度文

---

① 康芒斯. 制度经济学 上 [M]. 于树生，译. 北京：商务印书馆，1962.

② C. 诺斯. 制度变迁论纲要 [J] 改革，1995（3）：52–56.

③ C. 诺斯. 经济史中的结构与变迁 [M]. 陈郁，译. 上海：三联书店上海分店，1991.

④ 《中华成语词典》编委会. 现代汉语词典（第 7 版）[M]. 上海：复旦大学出版社，2019.

⑤ 倪愫襄. 制度伦理研究 [M]. 北京：人民出版社，2008.

化的研究并不像其他学科那样只是将制度作为一种研究的对象，学者或将其作为某种社会结构进行分析，或干脆将制度仅作为单独的研究对象。由于制度本身是属于文化系统中的一个子系统，是一种特殊的文化现象。因此，研究制度文化是将制度作为一种文化现象进行分析研究。在历史和现实世界中，不存在没有文化背景和内涵的制度，制度却总是作为某种文化现象发挥作用，规制和调整人们之间的行为方式，并不断反映着文化的演进，建构设计着文化的发展。

由于制度文化偏重于强调制度的文化层面与规则制订层面的内在一致性，这就从制度本身的文化属性中反映出一种价值观念、道德伦理、思想意识，以及制度功能所特有的规范、规则、习惯的内在一致性。正因为如此，制度与制度文化虽然非常相似，但制度文化作为文化的制度层面比制度本身带有更多的文化色彩，它不仅与文化的联系更为紧密，而且从文化学的角度讲，也更加强调制度与文化的内在统一性和一致性。为此，英国文化人类学家布朗在对文化共时性的研究中，就将文化统一体、社会结构和制度这三者联系起来，考察其中的内在关系。布朗指出，研究文化就是研究文化的整体结构，但只有明确了社会结构，才能真正找到构成这一结构的各部分及其功能。而社会结构是指文化统一体中，人与人之间的关系，但这种关系是由制度来支配的。于是，人类社会结构的内容就是社会个体，其形式就是制度。[①]

可见，制度文化是文化系统中的一个子系统，表现为文化系统中由制度构成的秩序系统，将文化与制度自然地统一起来，形成一种具有文化因素的秩序状态，以此表现人们的精神意识、思想道德、价值理念。在此过程，如果将文化看作一个无形的网络，其制度文化就是网络中的连接系统，而制度也就成为连接系统中的连接点。故此，人类社会所具有的经济的、政治的、社会的、教育的、文化的活动，全都是通过无数的制度形式，构成制度文化的秩序系统，使之将文化连接起来发挥作用。所以，人们重视文化的目的，其中就隐含了对文化中制度的重视。否则，文化就变得毫无意义。从这个意义上说，关注制度文化的内在一致性就显得尤为重要。

---

① 夏建中. 文化人类学理论学派：文化研究的历史 [M]. 北京：中国人民大学出版社，1997.

2.校史制度文化

对于校史制度文化而言，它是学校在历史进程中由文化积淀所形成的秩序状态，即与校史精神文化相适应的规章制度体系，以及学校成员在制定、贯彻、执行各项制度的实践活动中所包含的文化因素。正是在这种秩序状态的主导和制约下，校史制度文化一方面体现了学校的人文价值和社会价值，反映了学校成员的精神意识、思想道德、价值理念；另一方面通过价值判断、文化需求、社会意识，逐渐形成了约束自身行为的规范、规则、习惯等规章制度。于是，校史制度文化便呈现出有形的制度与无形的文化相结合的状态，并渗透于学校的方方面面，既起到了规范、规则、习惯的制度作用，又充分展现出精神意识和价值观念的文化内涵，从而成为学校文化中不可或缺的重要组成部分。

既然制度文化在文化整体结构中承担着精神文化和物质文化的中介，那么校史制度文化亦有此功能，即通过协调个人与群体、群体与社会的关系，在维护学校成员凝聚力方面发挥十分显著的作用，甚至在某些方面对学校成员的精神生活和物质生活也将产生深刻影响。所以，校史制度文化作为学校文化的一个子系统，是由决策与执行文化、组织与人事文化以及培养与管理制度文化等共同构成的一个文化体系。校史制度文化是在人才培养、科学研究和社会服务等长期办学过程中逐渐形成的一种管理模式和管理办法，也是一所学校从自身的校史精神文化与价值观念出发所形成的一系列制度和规则，并在学校的发展过程中发挥着重要作用。

基于此，在学校文化中真正具有生命力的事物不是别的，而是传承下来的校史制度文化，它不仅能形成一种文化的力量，在现实生活中继续发挥着文化价值的影响作用；甚至还能通过制度规范人们的行为举止，主导人们的思想意识、价值观念，使之养成良好的作风和学习态度，以实现共建和谐校园的目的。

然而，人们在研究校史制度文化时，由于缺乏对学校制度和校史制度文化的分析和区别，而常常陷入对二者认知和理解上的误区，并错误地将学校制度与校史制度文化等同起来，这就势必造成校史制度文化建设滞后的情形，使得学校制度在建设中缺乏人文价值的基础，难以充分发挥应有的文化内在作用。这就需要相关工作者在学校制度建设中，既要对二者的不同之处进行重新审视，厘清二者之间存在的差异，同时也要指出学校制度建设中存在的不足，使之更好地发挥人文价值作用。

（二）校史制度文化与学校制度的区别

1.校史制度文化与学校制度的内涵与外延

在校史制度文化建设中，人们经常混淆校史制度文化与学校制度的内涵，认为校史制度文化就是学校中各种规章制度的总和。其实，这种认知源于人们对二者之间的不同之处存在理论上的模糊理解。事实上，学校制度是对学校成员的行为习惯、思想意识、价值取向的一种约束和规范。因此，学校制度在表现形态上具有普遍性、直接性、外化性等特点。而且，学校制度还可以随着社会和教育自身发展而发展，并在发展中不断充实内容和变换形式，使之符合时代的要求。校史制度文化则不同，它是从文化抽象的角度出发，对学校制度的设计、执行、监督，以及在变革制度的内在关系中进行的价值判断和理性分析，并以此折射出一种精神文化的内在气韵和价值取向标准。于是，校史制度文化在表现形态上体现了主体性、协调性、互补性、内化性等特点。一旦校史制度文化形成之后，便有着相对的稳定性、继承性和传播性，从而成为凝聚学校成员思想和行为的文化力量。

2.校史制度文化建设与学校制度建设的重点

在校史制度文化建设与学校制度建设中，二者所关注的重点存在着很大差异。对于学校制度建设而言，它所关注的重点在于制定制度本身的内容，以及制度实施后取得的效果和目标的实现。至于制度背后所隐含的人文精神，却不包括在制度建设本身的内容中。而校史制度文化建设则不同，它所关注的重点是文化系统中制度与精神文化之间的相容性、协调性和互补性。由于文化的本质是人化的表现，因此，制度文化的起源、产生、形成、演进，以及功能作用，必须依赖于精神文化的支撑。如果制度文化缺少了精神文化的协调和互补，就会趋于停滞僵硬，趋于保守缺乏动力，甚至变得效率低下，成为阻挡制度变迁的障碍。可见，校史制度文化的核心在于精神文化，而精神文化具有一种超越和超前的功能，这对于塑造、培养和形成主体的精神面貌，以及保持良好的心理状态，都将起到稳定的作用。故而，校史制度文化建设，就是指剥离学校制度所制定的具体制度内容，赋予其内在的价值取向、理性原则和人们一致认可的心理投向等人文精神，从而使制度与精神文化在协调和互补的基础上融为一体，进而形成相对稳定的校史制度文化，以适应制度的变迁，发挥内在的价值作用。

3. 校史制度文化研究与学校制度研究的差异

制度文化研究之所以有别于制度研究，其根源在于，制度文化研究不是单独地对制度进行分析和研究，而是通过文化整合的手段，将制度看作是文化为充分适应环境而逐渐发展出来的体系。这个体系之所以能够独立，是因为社会发展的需求导致了文化裂变。据此，马林诺夫斯基指出："如果我们要对自己的文明或任何其他文明中个体的存在做一描述，就得将个体的活动与组织化生活的配置，即与盛行于该文化中的制度系统联系起来。另外，依据具体现实对任何文化的最佳描述都在于列举和分析组成该文化的所有制度。"[①] 所以，尽管独立的学校制度体系在其结构和构成中，具有思想意识、道德伦理、价值观念等文化层面的因素，甚至在学校制度研究中也不乏有着文化观念的论述，但对于学校制度的研究其着眼点仍是在制度内容的本身，而不是文化，这也是学校制度研究与校史制度文化研究中存在的本质差异。校史制度文化是文化的集中表现，并以此维系着校史精神文化和校史物质文化构成的整体。从此意义上讲，校史制度文化体现了文化的规范层面和秩序系统，这就为学校制度的设计或建构提供了人文价值基础。不仅如此，校史制度文化具有很强的相容性、协调性和互补性，这也能为学校制定制度和执行制度时赋予充分的文化心理投向和引导。

二、校史制度文化的特征

对于学校而言，最能凝聚人心，充分发挥人的创造潜力，并能以此形成一种利益共享、风险共担的和谐局面的，莫过于校史制度文化。对此，邓小平曾深刻指出："制度好可以使坏人无法任意横行，制度不好可以使好人无法充分做好事，甚至会走向反面……不是说个人没有责任，而是说领导制度、组织制度问题更带有根本性、全局性、稳定性和长期性。"[②] 可见，制度的重要性在于规范和约束人

①　马林诺夫斯基. 科学的文化理论 [M]. 黄建波，译. 北京：中央民族大学出版社，1999.

②　邓小平. 邓小平文选（第 2 卷）[M]. 北京：人民出版社，1994.

们的行为习惯、思想意识、价值取向，并使其能遵守办事规程或行动准则，这样人类社会才能有序地发展并进行各项活动。

制度文化是由三个层面构成的：一是制度文化的基本层面，由传统、习惯、经验与知识积累所形成的；二是由理性设计和建构的制度文化的高级层面；三是包括机构、组织、设备等实施机制层面。其中，制度文化的基本层面是一个自生自发的规范层面，反映着价值观念、道德伦理、风俗习惯等文化因素。制度文化的高级层面则是一个人类有意识的、有目的地理性设计和建构的制度层面，反映着一个社区、一个社会、一个国家经法律制度确认的政治、经济、社会、文化等正式制度层面。而制度文化的基本层面与高级层面的相互统一和协调一致，是实现制度文化功能的关键。校史制度文化作为学校文化的一个重要组成部分，是制度文化在学校中的体现，它以服从学校教育理念为目标，以科学研究为基础，以培养文化创新人才为目的的，是一种区别于一般性的特殊制度文化。其主要特征有四个方面。

（一）校史制度文化的人文性

从某种意义上说，学校的发展史就是学校制度的演进史，在这一进程中，人文精神、学术自由、学校自治等人文主义因素，始终是维系校史制度文化生存与发展的根本所在。其原因在于，制度文化凝聚了社会主体的文化智慧，并通过社会实践的延续进而世代相传，成为人类群体的文化结晶。学校的存在是客观物质的存在，也是一种文化和精神的存在，学校是以传承与传播人类文化，进行科学实验，培养文化创新人才为主要任务。由于人类文化素质的改善与提高，对于推动社会文明进步与发展具有重大的影响力，这就从根本上决定了校史制度文化必须具有浓厚的人文性，并以此为基础才能承担起探索、追求、捍卫真理文化，正确引领社会思想意识、价值观念以及规范社会道德行为的神圣使命。如果校史制度文化中缺了人文性的贯穿，那么就无法进行人类文化的传播，培养具有人文价值观的文化创新人才。所以，校史制度文化不仅体现了历史进程中所积淀的文化创造性和文化精髓，也反映了学校制度在演进中的文化变迁及文化整合的全过程。

纵观近代学校发展史，其人文精神、学术自由、学校自治这三大文化传统建构了学校文化的核心内涵，而正是由于这三大精神的存在，学校这个社会部门才被赋予了独特的厚重的历史感及其深厚的组织文化底蕴。今天，没有哪一所学校，包括那些新创院校不受其润泽和浸染，不以拥有这些传统而自豪。尽管它们也在随着环境的变化不断前进与变革，但这些传统的精神理念和价值问题被精心地呵护着并留存了下来。[①]

正如曾任哈佛大学校长的劳伦斯·H.萨默斯在北京大学的演讲所认为的那样，对一所学校而言，如果内部没有悠久的讲学传统或教授间良性的跨系科的对话、切磋、研习之风，学者之间没有雄辩，那么步入这种学校，人们很快就会意识到即使有雄厚的资金，这所学校也将很难有巨大的发展潜力。[②] 所以，校史制度文化的成长必须根植于学校文化这片沃土上，才能不断地浸润着丰富的人文精神营养，从而培养学生形成一种广博的渗透着仁爱精神的文化品质。

既然校史制度文化是将促进人的全面发展和社会进步作为自己的终极目标来追求，那么在制度文化建设过程中就需要"保证学校成员思想自由与学术自由不受外力过分干扰，保护学校成员对于各种命题、理论、信念进行探讨与检验的权力，致力于营造开放、自由、协调、宽松的制度文化环境"[③]。而这些鲜明的人文主义特性，既合乎学校维护知识权威的目的性要求，也合乎特定学术机构内部运作的逻辑和规律，成为校史制度文化区别于其他制度文化的最为显著的特征。

（二）校史制度文化的规制性

马林诺夫斯基蹭队"文化制度"作了基本定义，文化制度作为有机整体包括物质、人群和精神三方面。人群是指组织化群体马林、诺夫斯基进一步解释说这样的人类组织称为制度。[④] 这个概念就意味着对一套传统性价值的认同，人们由此结成一体。于是，人们在文化整体结构中，作为组织化或者是制度化的群体，依照对共同价值观的文化认同，遵循制度规范而共同行动。规范既有正式的，又有非正式的。正式规范通常以法律的形式固定下来，对违反者有特定的处罚。非

---

① 董漫雪.基于组织文化特征的我国大学制度变革的模式选择 [J].中国大学教学,2007（01）: 33-36.
② 王列平.透视 大学校史文化 [M].武汉：湖北人民出版社,2014.
③ 肖福赟.论大学制度文化的基本内涵及特征 [J].天水师范学院学报，2011，31（03）：56-59.
④ 王列平.透视 大学校史文化 [M].武汉：湖北人民出版社,2014.

正式规范是不成文的，但往往能够被社会成员普遍理解。最重要的规范往往是社会中绝大多数人公认的规范。

在这里，马林诺夫斯基说了三层意思：一是制度的形成意味着人们对共同价值观的认同；二是制度具有规范人们共同行动的规制性；三是在制度中有正式制度与非正式制度之分，非正式制度反映了社会成员普遍公认的规范，而人们一旦违反了制度必将受到处罚。在此，基于人类行为受思想、观念、精神的支配，这就形成了一种文化，其制度文化作为文化整体的一个组成部分，既是精神文化的产物，也是物质文化的工具，深刻地影响着人们的精神生活和物质生活。

校史制度文化是学校和学校成员对学校制度形成的一种价值判断与选择，是学校成员对学校制度所采取的一种态度。虽然校史制度文化在学校制度建设的设计、制定等文化层面融入了人文主义精神，体现了一种价值判断与选择，但作为约束和规制人们行为的学校制度，却又表现出一种强制力。这说明，校史制度文化是文化的规则层面和秩序系统的反映，而文化作为一个复杂整体，其系统必然会体现出一定的规则和稳定的秩序。换言之，校史制度文化的这一特征表示，文化不只是人的精神活动，也包括了人类的全部活动整体。因此，要保证和维系文化活动的生存与发展，校史制度文化在进行协调和互动时，就必须依赖一个良好有效的秩序才能实现。基于此，校史制度文化便以学校制度的"物化"和外在化的表现形态，反映文化层面的秩序和理念，并通过学校制度的建构和安排予以体现。如在学校文化价值选择问题上，当多数学校成员认同的文化价值观作为制订秩序规范后，人们就必须共同遵守，否则，制度就不能成为制度，学校里的一切文化教育活动也将无法正常展开。

简言之，在校史制度文化建设中，其规制性的作用显得十分重要，它既体现了个人之间与群体之间反复博弈的自然选择和文化价值的秩序，同时也反映了制度文化作为文化的集中体现，是维系校史精神文化层面和物质文化层面的秩序基础。这正如衣俊卿先生所指出："大学归根结底的本质规定性就在于通过文化传承和文化启蒙把个体从自在自发的生存状态提升到自由自觉的生存状态，同时以自觉的文化创新去推动社会的文化进步，乃至社会的各个方面的进步……因此，真正意义上的学校从一开始就赋予人文教育和文化启蒙以核心的地位。"①

---

① 衣俊卿.回归大学的文化本质凸显大学的文化功能——关于大学本质和功能的文化哲学思考 [J].中国高等教育，2007（02）：21-24.

于是，校史制度文化在对学校制度的设计、制定上，应重视以下几点才能有效地发挥文化本质的指导性作用：首先，要从学校文化价值观出发，设计和制定符合人本教育理念的培养制度，使之在教学过程中实现教学相辅局面；其次，要从学校成员固有的道德习惯出发，设计和制定符合人文主义精神的制度，这种道德习惯不仅应该是人们共同认定的文化价值取向和标准，同时也是人们十分熟知和习惯的，借此形成一种自我约束和他人监督氛围；最后，要从学校整体利益出发，设计和制定符合实际情况的奖惩激励机制，使之严肃学校制度，推动学校文化教育事业健康发展。

（三）校史制度文化的多样性

1. 校史制度文化多样性的构成

校史制度文化的多样性，是由学校文化多样性所决定的，而学校文化多样性则是由学校根据自身文化具有的特点所形成。于是，在学校文化多样性驱使下，校史制度文化也必然呈现多样性的表现形态，以此协调、维系着学校成员之间的关系，规范着学校成员行为和道德秩序，使学校成为传授人类文化知识的殿堂。学校文化多样性的构成主要体现在三个方面。

（1）学校历史文化的不同性

学校历史文化的不同性铸就了学校自身的精神文化。每所学校都拥有自己的历史文化发展轨迹，特别是一些著名学校更是如此。如中国的北京大学、清华大学、复旦大学等一批高等学校，肇始于清朝末年，历经北洋军阀时期、民国时期、抗日战争时期、解放战争时期，直至中华人民共和国成立。在此期间，大学经历了坎坷与挫折、文化发展与变迁、学者进出与更迭、战争动乱与流离、校园变化与兴衰等种种磨难。这些历史文化烙印不仅铸就了学校自身的精神文化，奠定了学校制度文化的根基，同时也使这些学校具有一般新创建的学校所不能比拟的文化优势。这种历史文化的不同性，为凸显校史制度文化的多样性创造了条件。

（2）学校地域环境的特殊性

学校地域环境的特殊性使学校自身形成了传统文化习惯。由于中国地域广阔，学校分布又极为广泛，受到当地政治、经济、历史、文化、民族风俗等众多因素的影响，不同学校之间对文化的理解和认知就存在着较大差异。如沿海学校与内陆学校，汉族居住地学校与少数民族居住地学校，都各自具有自身的传统文化习惯。如北京大学（1898年京师大学堂）与贵州大学（1902年贵州大学堂），尽管两校都是中国最早的一批高等学校，但其大学历史文化传承仍然存在着很大差异。若将中山大学（创建于1924年）与新疆大学（创建于1924年）的历史文化传承相比较，两所大学之间的文化差异就更加巨大。正是学校地域环境的特殊性，奠定了校史制度文化多样性的基础。

（3）学校发展的时代性

学校发展的时代性提供了学校自身的文化创新土壤。每所学校诞生的时代不同，所经历的历史过程不同，所进出的学者不同，所设立的学科专业不同，因而学校历史文化的形成亦有所不同。特别是那些曾发生过重大历史事件，曾出现过重要影响人物，曾对文化、科学有过重大创新和发明的学校，它们往往以此为契机逐渐形成学校自身的文化内涵，这是时代的标志。虽然历经岁月的流逝、人员的更迭、学校的变迁，但其文化内涵的标志却不会因此湮灭，而是成为校史制度文化多样性的历史遗迹。

2.校史制度文化多样性的表现形式

校史制度文化多样性是由学校文化的多样性所决定的，因此，反映在学校制度建设上，也必然呈现多样性的表现形式，这样才能适应学校文化的多样性需求。从校史制度文化多样性的表现形式看，它主要由两个文化层面体系构成。

（1）反映制度文化的基本层面

反映制度文化的基本层面是指学校根据自身所形成的传统文化、人文素质、道德习俗，以及学科建设、专业设置、科学研究等不同方面，制定出有别于其他学校的制度体系。如在大学类型划分上，有研究型大学、教学研究型大学，还有教学型大学，这就导致了学校在办学层次、办学方向、培养人才、科学研究等方面不尽相同，其教学制度、培养制度、科研制度的设计和制定也就存在着很大差异。

（2）反映制度文化的高级层面

反映制度文化的高级层面，即人类有意识的、有目的地理性设计和建构的制度层面。在此文化层面上制定的学校制度，主要反映了政治、经济、社会、文化等意识形态，体现了一种国家意志对整个教育事业的把握和掌控，并通过立法形式构成规制性的法律制度体系，以此规范学校教育的实施和学校成员的行为道德，确保学校教育秩序的稳定。如《中华人民共和国教育法》《中华人民共和国高等教育法》《中华人民共和国教师法》等法律文件，以及与学校教育相关的职业道德规范、学生行为规范、校园文明公约等公约性制度体系。与此同时，各学校还根据自身情况制订出一批相应的规章制度，确保教学活动和各项工作能顺利实施。上述这些制度体系的确立，从制度文化的高级层面表现了文化多样性的特点，并在学校制度建设上发挥了主导作用。

不仅如此，学校之间的历史演进、传统文化、道德习俗、人文素质、管理模式、治学经验等各不相同，各具特点，这也反映了学校文化的多样性，进而体现在校史制度文化建设层面上，其制度的设计和制订也必然出现多样性的形态。因此，在学校里只有将制度文化的基本层面与制度文化的高级层面统一协调一致，才能全面反映校史制度文化的全貌，促使学校成员能自觉地遵守和服从制度规范和约束，并在此要求下进行文化传播和文化创新活动。

（四）校史制度文化的相对稳定性

制度文化作为精神文化的产物和物质文化的工具，一方面构成了人类行为的习惯和规范，另一方面也制约了或主导了精神文化与物质文化的变迁。因为制度文化的变迁会引发文化三个子系统的整体互动式的变迁（即文化方向系统、文化定位系统、文化路径系统），所以，文化的变迁也可以看成是一种制度文化的变迁，所有文化进化方式和传播过程也都是首先以制度变迁的形式发生。

然而，制度的变迁并不意味着要湮灭既往文化，而是在旧有文化的基础上扬弃与创新。换言之，虽然制度的变迁能引发文化进化方式和传播过程发生变化，但文化的本质却不会因此而改变。所以，校史制度文化一旦形成就具有相对稳定性，这对于学校制度建设将发挥重要的主导作用。校史制度文化具有相对稳定性，主要包括三个方面的因素。

1. 校史制度文化是由文化内在属性所决定

文化属性是一个很宽泛的问题，有人又将此分解成为强势文化和弱势文化。其实，究其文化内在属性，它是一种反映人类社会生产生活习惯的定性。换言之，可以说是文化素质的反映，或者是一种思想、行为、物质程序的表现。简言之，文化无所不在，也无所不包，它的存在是不以人们意志为转移的。这说明，一种思想、行为、物质程序形成后，若要改变这种程序结果，除非另起炉灶，重新再来，但这也是不可能做到的事情。因此，人类文化存在了几千年，学校文化诞生也有几百年的历史，人们只能在此基础上不断地进行扬弃与创新，这就从根本上决定了校史制度文化的相对稳定性。

2. 校史制度文化是历史发展的产物

校史制度文化是在学校文化历史发展进程中不断沉淀积累而成的，因此，校史制度文化是历史发展的产物，并通过制度的形式表现出来。校史制度文化的产生、形成与发展经历了一个漫长的历史时期，其中，既包括和反映了历代学校成员对学校制度的总体认知和理解、理想追求和实践探索，以及学校存在的社会价值和意义；同时也成为凝聚学校成员的精神纽带，使他们在一致认同的价值观和文化观的约束下，自觉地遵守执行，以体现校史制度文化的价值所在。

3. 校史制度文化是维系学校稳定的基础

从组织文化结构来看，制度文化本身具有强烈的控制性和稳定性的功能，这是由制度文化的价值性和主体性所决定的。文化具有价值性，而一旦某种文化成为主流文化后，其价值取向必然主导制度的设计和制定，并以文化稳定性为基础，不断强化文化价值取向的实现。所以，校史制度文化建设，既能形成一个相对稳定的、和谐的学校校园秩序，也能经过制度文化的作用以潜移默化的方式浸染、熏陶、影响学校成员的思想意识和价值观念、文化品质和道德行为，进而使他们成为校史制度文化的捍卫者。

第三章　高职院校校史文化与校园文化

本章主要介绍高职院校校史文化与校园文化的关系，主要从三个方面进行阐述，分别是高职院校校园文化建设综述、高职院校校史文化与校园文化的关系、高职院校校史文化在校园文化建设中发挥的作用。

第一节　高职院校校园文化建设综述

高职院校的校园文化建设应充分结合高等院校校园文化的特性与共性，并且在一定程度上较为鲜明地显现出高职院校所具有的"职业"特质。高等职业教育是我国教育体系中一个独特的组成部分，高职院校应深刻认识到校园文化建设能够有效推进高等教育改革发展，并且还能够进一步加强、改进学生思想政治教育，有效促进学生综合素质的全面提升。为了构建充满活力、具有深厚文化底蕴和鲜明特色的高职院校校园文化，高职院校必须采取一系列切实可行、行之有效的措施，包括但不限于精神文化、行为文化、制度文化和物质文化等方面的建设，并严格依据实际情况系统规划、整体推进、分步实施、持续更新、凸显特色。

一、校园文化及高职院校校园文化的内涵

在高等学府的漫长历史中形成的校园文化，是一种具有凝聚力和向心力的团体意识和精神力量，它反映了人们在该校内部的生活方式、价值观念、思维方式等方面与其他社会群体显著不同的特质。在更广阔的范畴中，校园文化并非仅限于艺术教育和学生课余文化活动，而是包括除了第一课堂的所有与师生相关的教

育活动。该文化类型以校园内的学生和教师为主要受众，其独特之处在于其是特殊的文化类型，其在物质财富、精神氛围和生活方式等方面有所表现，即校园物质文化、制度文化、行为文化和精神文化。高职院校的校园物质文化是由各种客观实体所构成的综合体，学校内部的各种建筑物以及校容校貌都最终构成了校园文化的核心载体。高职院校的各项规章制度最终汇总成为制度文化，而这也切实保障了学校与外界，以及学校内部各项活动的正常推进。为了有效地管理学校的教育教学工作，高职院校必须采取一系列有组织的行为和活动。如果我们能够基于文化的视角对这些行为进行分析与研判，之后再带动全体师生员工积极参与进来，塑造出与学校办学理念相契合、充满个性且生动活泼的行为文化，这所学府也就能够更加顺利地开展文化育人的工作。学校全体人员的长期抑或是短期意识思维活动和一般心理状态的综合体，构成了校园文化的核心，即精神文化。

对于高职院校来说，其办学的最终目的是为社会培养合格的技术人才，所以在校园文化当中应当突出表现"职"的特点，高职院校在进行校园文化建设的过程当中应当以校风、教风、学风的建设作为根本，结合精神文化、行为文化、物质文化、制度文化，以舒适的校园环境、浓厚的学术氛围、科学的人文精神为基础，塑造一种鼓励人不断前进、强调学习与实践结合的学校精神和科学、实用的价值理念，营造出正确的舆论环境，实现学校文化形态、师生心态的协调，有效促进学校实现全面、协调、持续的发展，打造高品质的高职院校。

二、高职院校校园文化的功能

若是不能够对高职院校内部流行的校园文化加以深刻而明晰的认知，校园文化建设就很难真正获得广大师生的关注，也就更加难以构建出卓越的高职院校校园文化。教育部、共青团中央《关于加强和改进高等学校校园文化建设的意见》强调指出："高等学校校园文化是社会主义先进文化的重要组成部分。"[①] 加强校园文化建设对于推进高等教育改革发展、加强和改进学生思想政治教育、全面提高学生综合素质具有十分重要的意义。

---

① 教育部 共青团中央关于加强和改进高等学校校园文化建设的意见 [J]. 中华人民共和国教育部公报，2005（03）：27-30.

（一）导向功能

校园文化是一种引领全校师生朝着既定目标前进的力量。其核心是培育"有理想、有道德、有文化、有纪律"的社会主义建设者和接班人，以促进学生全面素质的提高。在特定的历史和社会背景下，它将所有人的事业追求和成功愿望转化为具体的奋斗目标、人生目标、行为准则等，从而成为广大师生的精神支柱与精神动力，致力于学校的建设和发展，为国家的教育事业增砖添瓦。只有全员参与，激发所有人的工作热情和学习主动性，高职院校才能在校园文化的影响下，统一全校成员的行为，加快实现学校发展目标的步伐。除此之外，校园文化作为一种新的思想政治教育载体，以培养全面发展的社会主义建设所需的优秀人才为要旨，借助开展各种形式的教育和活动，积极引导广大青年学生在成长与成才的道路上坚定正确的方向，这样最终才能实现远大的目标。

（二）凝聚功能

对于高职院校当中的所有师生来说，他们所共有的价值观念、行为规范、理想信念等等类型的群体意识就如同精神黏合剂，能够在一定程度上促进师生对于高职院校的归属感的增强，并基于此产生更为强大的凝聚力，使得师生能够更加深入地关注学校、关心集体等，在此过程当中，广大的师生还会逐步形成更为强烈的心理需求，包括举办艺术节、科技节、体育节等具有学校特色和专业技能特色的多样化的趣味活动，这进一步激发了师生对于学校的认同感、自豪感、荣誉感，提升了学校的凝聚力。

（三）激励功能

校园文化建设应始终保证对师生员工做到基本的尊重与关怀，选择合适的方式有效促进他们精神需求的满足，确保他们在学校建设中始终发挥着主导作用。优秀的校园文化常常能够激发人们的内在动力，从而塑造出一种积极向上、朝气蓬勃、不断进取的良好氛围，形成一种相互激励、相互竞争的环境和机制。因此，加强校园物质文化建设，是营造优良文化氛围的一个重要方面，它不仅体现于校园环境本身，而且还能够通过各种载体来实现。在全校成员中培养并树立切实可行的同一个理想与目标，就能够在一定程度上有效激发他们的事业心和责任感，从而促使他们的积极性和创造性得到充分发挥，最终为学校的建设作出较大贡献。

（四）调适功能

为了降低并抹除心理和情绪上的自我干扰与相互摩擦，有效减少内耗并协调好人际关系，进一步挖掘并发扬个体的潜能，高职院校就需要创造出和谐的精神氛围和文化氛围，以便建立起行之有效的"软约束"。就比如能够充分表现出校园文化本质的校纪、校训、校风等，它们的存在能够在一定程度上对学校内部的师生进行合理的约束，进而使其能够形成良好的习惯并受益一生。

（五）辐射功能

一所学校的独特之处在于其校园文化的塑造，这是其与其他学校不同的显著之处。高等职业院校积极推行科技下乡、工厂实践、军营训练和街道文化活动，这些活动不仅能够在一定程度上影响校园文化，还能够为学生提供更广泛的学习和发展机会。在校园文化形成之后，它将成为一股重要且庞大的力量，对学校的建设和发展、社会功能的发挥等方面都会产生巨大的作用，并对社会产生深远的影响。校园文化与企业文化一样也需要有自己的特色。高职院校的水平、质量和档次的提升，离不开校园文化的优良发展和学校良好形象的树立，这也是学校持续发展的重要基石。

（六）促进功能

校园文化活动使得学生不仅可以在课堂上获得知识，同时也能够在课外学习中获得更多的机会，并借此机会将二者有机结合，这种方式有助于培养和锻炼学生的创新和实践能力。学生在积极参与各类校园文化活动的过程中锤炼了自身的组织能力、管理能力等实际工作能力，为其未来走向社会、胜任工作打下了坚实的基础。

（七）稳定功能

在学生思想政治教育中，校园文化活动是最具吸引力与感染力的媒介，能够最大限度地激发学生的学习兴趣和情感投入。高职院校校园文化通过内在的熏陶、凝聚等力量，营造出一个良好的校园环境，更好地保障学生的成长，在学校内部重点培养学生的兴趣和爱好，重视学生自我全面成才的追求与奋斗，确保学生不会在学校受到各种不良思想与负面的社会风气的影响，从而让学校获得理想的教学效果，维持学校的稳定。

（八）展示功能

高职院校的校园文化的活动形式种类繁多，具有较高的趣味性，所以能够吸引众多年轻的学子自发地参与其中，并且，在参与活动的过程当中，学生的才能会进一步被塑造。学校是实施素质教育的主渠道，而校园文化建设则是素质教育的重要内容之一。校园文化在塑造学生的全面素养中扮演着至关重要的角色，它为每一位学子提供了丰富的机会和资源，让他们在恰当的时机展现自身的潜力和风采，激发他们的创造力，有效促进学生成长为有创新能力的优秀人才。

（九）调节功能

正是因为高职院校的学习生活单调乏味且不轻松，所以生活在其中的学生的心里总是紧绷着的，这时就需要通过极具多样性与趣味性的校园文化活动来调节学生的身心，进一步促进学生素质的提升，例如校园广播站、学生合唱团、美术书法以及各种类型的才艺比赛等，都能够发挥出较为令人满意的调节作用。

（十）继承功能

伴随着时代的发展，科学技术的进步，高职院校的校园文化也应当不断创新和变革，值得注意的是，校园文化本身是在特定的历史背景下孕育而生的，师生员工等都在不断传承和弘扬着学校的优良传统、进取精神、办学理念等，所以在这一过程当中，校园文化直接影响着学校的发展和师生的思想。

三、高职院校校园文化建设的现状

对于高职院校来说，校园文化建设并不是一蹴而就的，需要长期坚持，由浅及深，不断挖掘探索。甚至于一所高职院校要想建立优秀的校园文化，可能需要几十上百年的沉淀与探索。对于身处于校园中的人来说，优秀的校园文化会给人心旷神怡的享受，使得人们能够徜徉于沁人心脾的学术氛围中，感悟着相应高职院校特有的思想精髓。现阶段的很多高职院校的校园文化并没有建立完全，这主要是因为一个良好的校园文化环境需要长时间的积淀，而现如今的很多高职院校为应对评估，不断开发土地建设教学楼，积极开展教学资源的整合，始终坚持教学改革等，令人遗憾的是，在这一过程当中，校园文化的建设因为优先级的问题并没有得到重视。大多数高职院校还没有意识到加强校园文化建设对于自身发展乃至整个教育事业都具有十分重大的意义，也没有对其进行合理的规划，对其重要地位和作用的认识和理解存在较大不足。学校领导面临着烦琐的工作，这些琐碎的任务让他们自顾不暇，难以抽出一定的时间学习、思考、研究文化建设，从而导致校园文化建设工作被无限拖延。令人遗憾的是，上述现象存在于大部分高职院校当中。就算有部分高职院校的领导对校园文化建设相关的内容进行考虑，也多是不成熟的、不全面的且没有该校特色的。

四、高职院校校园文化建设的指导思想

作为高等教育的一部分，高职院校的校园文化呈现出与高等学校校园文化相似的特征，因此，在校园文化建设中，必须贯彻落实国家教育方针，以我国优秀传统文化为基础，坚持以人为本、育人为先的总原则，致力于为国家培养出合格的建设者。高等职业教育是一种高度专业化的教育形式，其定位是具有强烈的地域性和行业性的"职业型"教育。要培养出合格的技术应用型人才，就离不开高等职业学校独特而深厚的文化底蕴和良好的校风学风，这也是衡量一所院校办学水平高低的重要标志之一。所以说，在高职院校校园文化建设中，必须紧密结合企业文化，将学术和实践氛围融为一体，注重技能性、操作性和职业性，以打造具有各校特色的校园文化。

对于高职院校来说，应当时刻注意发扬自身职业教育的特色，不仅要注重其作为一种独特文化机构所应具备的文化品位、独立品格、价值追求，还需要关注其适应与融入社会、追求学校文化与企业文化有机交融的职业教育文化，以创造一个有利于培养合格职业人才的良好环境。

在开始对高职院校的校园文化进行建设的时候，需要格外关注校长文化、教师文化与学生文化之间的交流、沟通与互动，进而确立相互促进、相互影响的组织行为与引导行为。

高等职业院校的校园文化并非自发形成，而是需要由经验丰富的校长进行有

远见的倡导，并由历任校长长期精心培育而成。在这个过程中，校长文化是在不断继承、借鉴、创新、培育中形成的，其统领与引导作用应得到充分发挥。基于校长文化的引导，所有供职于高职院校的教师都需要尽力发挥自身作用，循着学校理念的引导，沿着某一个建设方向，不断推陈出新，创造更为丰富的教师文化，要确保建设的根本方向不会偏移，同时还要能够进一步凸显出个性特征与学校的特色，并在此环境当中，积极引导学生文化走向预设的方向，实现预设的目标。在学院建设之初，高职院校应当全面关注校园文化建设的规划、领导、组织、实施等方面，以确保学校精神、行为、制度与物质文化建设能够实现和谐发展。

高职院校在校园文化建设方面必须持之以恒，只有经过多年如一的建设和积累，才能逐渐塑造出独具特色的校园文化。所以说，在高职院校的校园文化建设中，必须以现实为基础，凸显校园特色，展望未来，进行长期规划，并脚踏实地，逐步实施。

五、高职院校校园文化建设的具体内容

（一）精神文化建设

精神文化建设是高职院校校园文化建设的核心。它是行为文化、制度文化和物质文化的指针和航标，是一种人文环境和文化氛围。高职院校在办学实践和意识活动中形成的价值观、道德观、社会心理和思维方式，集中体现在校园精神上，包括指导和支配师生的思想观念、道德意识、精神寄托、文化传统、集体舆论、学术风范、校风、校训等。

高职院校有明确的办学理念和突出的学校精神。精神文化是校园文化的灵魂或核心，包括办学观念、学院精神、校训、校风、校徽、校歌、教风、学风、班风等。高职院校之所以能历经百年历史，是因为它们有着明确的办学理念和学校精神，在被后人接受继承的过程中不断地创新，如精神品质、永恒的理念、永恒的理想、特色品牌。办学理念是高职院校校园文化建设中统揽全局的指导思想，是指办什么样有别于他校和怎样突出本校特色的理论认识和哲学基础，是校长治校理念和风格的结晶，它们与校训、校风、教风、学风一起形成一种风格和传统，被历届师生所传承和发扬光大。学校精神是对办学理念的进一步升华，是师生员工经过长期努力积淀而成的相对稳定的理想、信念、道德、情操与追求的集中体现。学

校在确定这些内容时要以人为本、着重塑造，要立足现实、突出特色，要勇于创新、鼓舞人心。

（二）行为文化建设

行为文化是高职院校精神文化建设的体现。二者互为依托，联通互动，体现高职院校的校园文化、精神风貌。行为文化指高职院校校园师生约定俗成的习惯定势，是师生思想和观念的外在反映，包括学术研究、教学方式、课程设置、技能训练、人际关系、社团活动、生活方式等。开展校园文化活动能够营造浓厚的学习和技能操作氛围，提高学生的综合素质，提升学校的影响力和知名度。

高职院校要鼓励和支持学生成立体育类、艺术类、科技类、技能类等各种社团，制定相应的管理办法，鼓励开展各种活动，丰富学生的课余文化生活，加强不同院校社团的交流，提高他们的社会交际活动能力，培养和发展学生的特长。

高职院校要定期或不定期安排各类学术讲座，邀请一些知名的学者、专家开展一些高水平的人文学术讲座、论坛和报告会，就学生关心的热点难点问题以及学术前沿问题进行讲解、分析，拓宽学生的知识面，活跃其思维，使他们紧跟时代的思想潮流，塑造其优良品质。

高职院校要经常定期不定期开展各种技能比赛，邀请企业的技能高手现场表演，支持鼓励学生参加全国各地的技能比赛，重奖技能操作优胜者，激发学生的动手兴趣和对专业的热爱，定期举办"科技（技能）节"，提高学生动手操作的意识和能力，营造浓厚的技能操作氛围。

高职院校要搞好节假日、庆典日的庆祝活动，举办文化节、体育节、读书节等活动。高职院校要将升旗仪式、开学典礼、毕业典礼和奖学金颁奖、表彰大会等仪式类活动变成学校的经典文化品牌，激励师生珍视荣誉，创造荣誉。

高职院校要加强对外宣传和交流，积极宣传学校各项突出成就，特别是重大事件、重要活动和典型人物宣传，报道学校的特色和亮点，加强与其他院校的交流和新闻媒体的联系，树立学校在社会上的良好形象，不断扩大学校的影响力。

高职院校要重视构建院系文化。各院系要根据不同的专业特点，在教学、科研、师资建设、实验室建设、技能操作、学生文娱活动等方面力争办出各系文化精品，建立展示橱窗，形成各具特色的学术、科技、教师和学生文化，创建品牌专业。

在一定的时间段内，高职院校要在学生中倡导一种行为，如见到老师问声好；使学生养成一种习惯，如不要随地乱扔垃圾；培养学生形成一种精神，如"我能做事，我能做好事"的精神；使学生掌握一种过硬的、适用的本领，如推销、驾驶、演讲、交际等；使学生体现一种风貌，如求知好学、不畏艰险、积极进取等，进而展现学院形象。

高职院校要加速数字化校园建设，加快多媒体网络教学系统、数字化图书馆（电子阅览室）、办公自动化、通信等方面的建设，采取有效措施营造良好的网络文化，以适应不断发展的信息化潮流。

（三）制度文化建设

制度文化贯穿于高职院校改革发展的整个过程，体现在高职院校管理的方方面面。高职院校制度文化建设贵在实践，重在执行。高职院校制度文化，指在办学实践中，师生员工遵循的各种行为规范，包括法律法规、管理体制、组织机构、岗位职责、校徽、校歌、校旗等。

制度文化建设是文化建设中的机制建设，体现的是用机制管人管事，具有导向、约束和规范作用。目前绝大多数高职院校历史较短，基础薄弱，起点较低，所招收的学生层次不高，生源质量差，学生素质参差不齐，因此创设以人为本的高职校园制度文化更为必要。

高职院校要坚持以人为本，建立健全各种制度，对学生进行严格管理。在上课、宿舍、食堂、实验、实训、技能操作等方面制定切实可行的制度，并坚持果断执行，培养学生形成良好的纪律观念。

高职院校要建立综合素质测评体系，对学生思想行为表现、技能操作水平、实验实训活动进行细化、测评，使学生的综合素质得以量化；加强思想道德教育和职业道德教育，着重培养"两种精神"（团队精神和敬业精神）、"两种能力"（专业能力、学习能力），让学生学会学习、做人和做事，使其形成一种正确的人生观、价值观。

高职院校要加强对外办学制度建设，保证产学研一体化，设置专业建设委员会，加强校企合作，进行订单培养，建立社会调查、毕业生跟踪调查、毕业生回访等机制，使学校与社会、与企业的联系科学化、制度化。

为了提高管理水平，高职院校必须建立全面且完善的规章制度和激励机制，以激发高职院校内部员工的工作积极性和全员参与意识，从而在物资采购、后勤服务、人员调动等方面按照规章制度做事，实现公开、公平、公正，使学校管理系统化、规范化，进一步增强学校管理能力。

（四）物质文化建设

高职院校的精神文化建设以物质文化为载体，存在于校园文化建设的全过程，构成了高职院校校园文化建设的根基。高等职业院校的物质文化涵盖了校园整体规划、教学科研设施、校园建筑、校园环境等多个方面。

高职院校物质文化，是以各种客观实体存在的形式表现出来的文化景观，以校园的基本设施、图书资料为主，包括校容、校貌、自然物、建筑物等硬件。首先，一所高等职业技术学院的大门、教学楼、办公楼、宿舍、实验实训场所、道路、草坪、雕塑、广场、路灯等既要按实用、"艺术"的标准来设计，又要突出学校和职业特色。如船舶、汽车机器制造、财经贸易、计算机等专业都可以在校园内显眼的地方，设计几个相应模型或雕塑，以体现学院职业特色。实训基地、广场、楼房，都可以用人名或企业名来命名，校园的古树木应统一标出它们的特征、特性，树木、花草的养护水平要高。其次，对校徽、校标、校服、学报、画册、教材、光盘、校园网、宣传栏、宣传标语、指示牌、信封、稿纸、交通工具的标识都要力求美观、有品位、有特色，起到赏心悦目的作用。这些物质设施和外在环境，既是学校办学的基本条件，也是学校内在精神的升华，体现着一个学校的内涵和品位。再次，高职院校不一定有一流的教学楼、办公楼，但必须有一流的专业实验实训室、图书馆，因为高职学生的核心竞争力主要体现在实践水平和动手能力上，实践性教学环节的设施建设必须摆在首要的位置，因此高职院校要建立理论与实践一体化教学的专业教室，将教室、实训、实验、技术服务与生产融为一体，使专业教室具有多媒体教学、实物展示、演练实训、实验等多种功能，营造良好的职业氛围和环境。

高职学院的校园文化建设，在我国很多地方尚处于起步阶段，必须按照立足现实、体现特色、系统规划、整体推进、分步实施、定期更新的原则来进行。只有这样，才能真正构建起既充满活力又有深厚文化底蕴和鲜明的特色高职院校校园文化。

第二节　高职院校校史文化与校园文化的关系

高职院校校园中有两种同时存在的文化现象，分别是校园文化、校史文化。校史文化在校园文化当中属于极为重要的一部分，是校园文化发展的根本，若无校史文化的存在，校园文化则会失去存在的依据，进而完全丧失自身的独特之处。反之，校园文化建设则会在很大程度上对校史文化的内涵加以丰富。

高职院校的全体师生在较长的办学实践当中，一步步共同塑造着最高目标、价值标准、基本信念、行为规范，并加以严格遵守，这些构成了一个特定的物质、精神和文化环境的综合体，即校园文化。校园文化是一种综合了人力、精神、知识等多种要素的综合体，其独特之处在于其无法被复制、转移或替代。校史是高职院校发展轨迹中的文字、图像、音视频等方面的真实记录，涵盖学校历史沿革、办学历程、办学精神、不同时代办学面貌和办学成效等各个要素，是一个学校办学经验、智慧和教训的积淀，是优良文化传统和风格特色的体现。校园文化和校史文化是整体与部分的关系，校史文化是高职院校校园文化中一个十分重要、独具特色、彰显个性的有机组成部分，是校园文化的核心层次、发展根基、特色标签。校史文化内容丰富、真实、教育性强，开发利用价值大，是高职院校形成富有生命力、感召力、凝聚力、公信力和创造力的校园文化的源头活水，是一座"教育资源富矿"，搞好校史文化，有助于校园文化整体育人功能的最大化发挥。2015年1月，中共中央办公厅、国务院办公厅印发的《关于进一步加强和改进新形势下高校宣传思想工作的意见》指出，要发挥文化传承创新的功能，建设具有中国特色、体现时代要求的大学文化，培育和弘扬大学精神，把高校建设成为精神文明建设示范区和辐射源。所谓"示范区"和"辐射源"即高职院校应结合实际建设富有特色的校本文化品牌和区域文化品牌，这种品牌的建设很大程度上源自于高职院校自身的历史文化——特别是校史文化的积淀，通过强化校史文化的育人功能培育"示范区"，通过发挥校史文化的社会价值共振功能和辐射效应，进而形成继承和发扬中华优秀传统文化、促进社会主义先进文化建设的"辐射源"。校园文化和校史文化相互作用、相互渗透、相互交叉、有机结合，校园文化的整体氛围和运作机制适用于校史文化的发扬，校史文化的发展具有校园文化的基本规律特点，也有自身的特定规律，两者都共同服务于高职院校的人才培养工作。

关于校史文化与校园文化的关系研究，比较具有代表性的文献是苏玉海《谈校史在校园文化建设中的作用》一文，文中提出校史是校园文化的重要组成部分，学校应当将校史作为校园文化建设的宝贵精神财富和精神资源，以史育人、以史鉴人、以史励人，并且提出"将校园文化建设落到校史这一基点上，是校园文化建设所追求的实在性产物"[①] 的重要论点。魏泽认为，校史既属校园文化的内涵，又是校园文化的载体，记录了校园文化的发展脉络。[②] 李宁等认为高职院校校史和高职院校校园文化是密不可分的，高职院校在特定时期的校园文化形成了高职院校在发展过程中的特定历史，不同时期不同阶段的历史有机结合起来就形成了高职院校的校史。[③] 高职院校校园文化的建设和高职院校校史互为史实，互相影响。综合分析以上学者的观点可以看出，高职院校校史与校园文化是部分与整体的关系，也是载体与承载物的关系，校史是校园文化的重要组成部分，是校园文化的重要载体和表现形式。高职院校校史是校园文化建设的宝贵资源，其内容丰富、真实、教育性强，开发利用价值大，在校园文化建设方面发挥着独特作用，是校园文化建设的重要组成部分，是加强校园文化建设的有效路径。高职院校校史承载着丰富确凿的校园文化内容，而校园文化是学校育人的核心内容，它通过校史的承载与表现，将历史上曾经发生过的真实、生动、感人的人物和事例呈现给今人。

一、校史文化是校园文化的重要组成部分

校史文化作为校史的重要体现，记载着高职院校的文化传统、治学精神、价

① 苏玉海. 谈校史在校园文化建设中的作用 [J]. 延边教育学院学报，2005（06）：58-61.
② 魏泽. 高校校史课程的开设意义与教学探讨 [J]. 继续教育研究，2009（03）：154-155.
③ 李宁，徐洁. 校史在校园文化建设中的应用现状研究 [J]. 山西青年，2019（04）：78.

值理念，是全校师生共同遵守的文化契约，是对他们的行为方式进行评判的价值标准，也是他们的精神家园。因此，校史文化长期积淀着高职院校的精神底蕴、文化生活、校园群体观点和信念等体现着校园文化的精神内容，它决定着校园文化发展的方向和水平，也决定着校史文化在高职院校师生的内心世界是否被接纳和认同。可见，校史文化是校园文化的价值观标准，是校园文化内涵中的校园精神文化方面的集中体现。

（一）校史文化是校园文化的核心层次

校园文化作为一个相对独立的文化系统，并非是一个混沌的文化整体，而是呈现了特定的"文化分层"。文化分层是近年来文化研究的重要解释框架和分析工具，主流观点包括"冰山模型"和"洋葱模型"两种。"冰山模型"认为，文化可以分为两层：一层是看得见的"典型"层次，如典型的行为方式或者文化产品等；另一层是看不见的"核心"层次，主要指价值观等。"洋葱模型"认为，文化可以分为四个层次：最外表一层是象征物，如服装、语言、建筑物等实物；第二层是英雄人物性格，文化群体性格可由英雄人物性格代表和反映；第三层是礼仪，也就是不同文化主体对待人、自然的独特表达方式；最里面的一层是价值观。① 可见，无论何种文化分层理论，均认为文化存在由里而外、由隐而现的层次结构，并认为文化最里面的一层"核心层次"是价值观。基于文化分层理论，对校园文化进行具体分析，可以得出如下推论：校园文化的核心层次在于校园文化的价值观。那么，何谓校园文化的价值观？校园文化的价值观即是指校园主体进行文化判断、文化选择的标准，是指全校师生员工在长期实践中逐渐建立起来的一种共同的价值取向、心理趋向和文化定式。基于此一研究范式和研究视角，可以认为，校史文化作为校史的文化表征、校史传承的文化链条，承载着学校的文化传统、治学风格与精神风范，是全校师生共同遵守的文化契约、心牵情系的精神家园、割舍不断的同源血脉，是全校师生判断对错、评价优劣、选择取舍的内在标准。可以说，校史文化决定着校园文化的精神内容、物化样态，决定着校园文化的发展方向、发展水平，决定着校园文化是否在文化心理层面为师生所接纳、所认同。可见，校史文化天然即是校园文化的价值观标准，是校园文化价值观的基本要素，在校园文化分层中，处于核心层次。

---

① 　王琳．文化差异对知识转移的影响研究 [J]．新一代（下半月），2018（8）：10+41.

（二）校史文化是校园文化的发展根基

现阶段，高职院校改革建设如火如荼，基于此，校园文化建设也呈现出了一派蓬勃向上、生机勃勃的景象。然而，高职院校校园文化的发展必须基于校史文化这一基础之上，舍此，校园文化的发展必将成为无源之水、无本之木，根本无从谈起。从历史角度看，校史文化是校园文化的"最早形态"。校史文化作为校园的一种独特文化现象，其产生、发展具有客观性，不以人的意志为转移，换而言之，无论校园主体认识与否、承认与否、参与与否，校史文化均客观存在，并且潜移默化地发挥作用。高职院校的诞生，即意味着其历史的开始；高职院校历史的开始，即意味着校史文化过程的启动。总的来说，基于发生学角度来看，校史文化就是现今我们知道的最为古老的校园文化，是校园文化的最原始形态。从现实角度看，校史文化是校园文化的"文化中轴"。校史文化作为校园文化的"核心层"，在校园文化建设中，以其强大的历史穿透力和震撼的历史厚重感，推动着校园文化围绕校史文化这一中心，"年轮"式向外扩张，不断创造新的文化形式和新的文化载体。校园文化建设实践表明，无论校园文化如何发展、如何创新，最终都无法摆脱校史文化的中心吸引，都必然留有校史文化的影子。因此，可以得出如下结论：校史文化作为校园文化的一个部分，不是"枝杈"之部分，而是"根本"之部分；不是"衍生"之部分，而是"原生"之部分；不是"可选"之部分，而是"必选"之部分。校园文化的发展离不开校史文化的滋养，若失去校史文化作为基础，所有的校园文化建设活动都将失去生机和活力，最终溃散、消逝于历史长河之中。

（三）校史文化是校园文化的特色标签

当代著名文化研究专家霍夫斯塔德曾经指出："文化是一个群体中的成员区别于其他群体成员的集体性的精神规划。"[①] 高职院校校园文化本身也是一种文化形态，所以它也会具备其独特的本质特征。此处所谓的特质性包括两个方面：一是高职院校校园文化较之其他文化形态应当具有特质性；二是一所高职院校的校园文化较之其他高职院校的校园文化应当具有特质性。一所高职院校的校园文化较

---

① 　陈艳芳，宁岩鹏 . 高校思想政治教育生态论研究 [M]. 秦皇岛：燕山大学出版社，2016.

之其他高职院校的校园文化的特质性，即体现为本校校园文化的"特色"。通常情况下，对于高职院校来说，自身校园文化的特殊之处主要存在于校史文化当中，其中主要有以下两个方面的影响：第一，校史文化具有排他特性，校史文化是土生土长的本土文化，不可模仿、不可复制、不可移植。对于高职院校校园文化而言，校史文化是仅此一家，别无分号的。第二，校史文化具有标签效应，校史文化是一所学校区别于其他学校的文化标签，一所学校的校园文化大多贴有校史文化标签，而非文艺活动标签、社团活动标签、科创活动标签等其他标签。简单来说，我们能够明确认定，校史文化本身属于高职院校校园文化的独特标志，在特质性校园文化的塑造、识别和传播方面扮演着至关重要的角色，表现出极为重要的意义。

二、校园文化建设丰富着校史文化的内涵

高职院校校园文化的内涵可分为物质文化、制度文化、精神文化。校园物质文化是指学校内物质范围的文化层，它涵盖教学、科研、生活、环境、设施等方面的物质，是校园文化的物质基础，具有感染作用、激化作用、导向作用、舒心作用。比如，校园内充满文化底蕴的建筑设施、人文景观、校园艺术形态等，它们构成高职院校校史教育的生动题材。高职院校校园物质文化活动的有效载体就是校史文化，它将优秀传统文化精神与校园物质文化完美融合，使之和谐统一，使学生能够一边深刻感受物质文化，另一边享受着精神文化。而校园精神文化，则反映了一所高职院校在长期的办学过程中所形成的理想、信念、情操、价值取向和道德水平，以及逐步形成的文化传统、治学风格和管理特色等具有鲜明个性特征的校园文化形态，是学校宝贵的文化资源和精神财富，是师生所认可的思想成果和精神力量。校史文化中长期积淀下来的学校精神、道德价值观、人文关怀等是校园精神文化的反映和归纳。

校园文化建设中的物质文化、行为文化、制度文化和精神文化建设从不同角度支持了校史文化的建设，为其提供了各种基础和便利条件，并在不同程度上丰富着校史文化的内容。以精神文化建设为例，校园文化中的学校精神、学校理念、办学指导思想的建设在校史文化的建设中是一条主线，每个时期学校的办学理念、

办学指导思想都丰富着校史文化的内容。另一方面，各个学校都精心设计和组织开展内容丰富、形式新颖、吸引力强的科技学术、文娱体育等校园文化活动，力求在高品位、宽覆盖、新形式上有突破，体现出学校独特的风格和文化内涵，这些多样性的校园文化活动为校史文化建设增添了丰富多彩且鲜活的内容。

三、校史文化是对校园文化的传承和创新

（一）校史编研及其成果是校园文化的有效载体

高职院校的校史不仅是对学校校风、学风等团体意识和精神氛围的深入反映，更是对学校内部的教学、科研、环境等发展轨迹的具体呈现，由此就能够在很大程度上凝聚高职院校群体的认同感、归属感、责任感等。

（二）校史编研及其成果使校园文化具有连续性、完整性

具有悠久历史的学府，见证了当地教育史的发展。高职院校的历史记录很多时候会因为当时的各种因素影响而出现记录不全的问题，若是我们只依靠档案馆提供的史料并不能够全面了解所需要的历史信息，所以就需要进行校史编研工作，以确保学校校园历史和文化的连续性与稳定性得到保障。

（三）校史编研及其成果是对校园文化的创新

历史是国家不可或缺的一部分，同样的，学校也必须有历史的记录。学校师生只有对学校的历史文化有深刻的理解，才能真正明晰学校的精神，由此才能够切实传承和弘扬学校的优良传统和文化底蕴。

作为一部浓缩史料，校史详细载录着校园文化的发展脉络。校史是高职院校办学历史的记录，更是高职院校传统文化的积淀和传承。校史记录的高职院校创办、变迁和发展的历史，是高职院校最宝贵的历史档案，是高职院校校园文化的溯源和载体，具有载录高职院校校园文化成果的重要作用。高职院校校史汇聚了大量可靠的学校历史文字资料、影像和实物，以其物化直观性的特殊优势，忠实记录和形象展示了高职院校发展历程中形成的精神文化、物质文化、制度文化和行为文化。人们通过参观校史馆，可以了解一所高职院校不同历史时期的校园文化特征，从而进一步理解这所高职院校传统文化精神的内核。

第三节　高职院校校史文化在校园文化建设中发挥的作用

我国高职教育在中华人民共和国成立后，经历了老牌高职院校的蓬勃发展和新兴高职院校的迅猛崛起两个重要阶段。长久以来，历史和文化相互影响，相辅相成，文化的孕育和发展离不开独特的历史背景，因此，高职院校校园文化的推广和繁荣也需要依靠校史文化建设的大力支持。对于校园文化而言，粗暴地认定校史文化是其中的一部分这一认知并不准确，这会直接导致校史文化与校园文化之间的微妙关系更加复杂。若欲于"文化荣校"领域取得较高成就，高职院校必须明确校史文化建设在校园文化建设中的重要性。总的来说，之后就需要高职院校在校史文化建设方面给予更多的支持，包括但不限于政策倾斜、资金投入、人才培养等方面。由此就能够在很大程度上促使校史文化在校园文化当中获得相应的地位，使之在校园文化建设中扮演更为重要的角色，为社会做出更为卓越的贡献。

一、校史文化是校园文化内涵和底蕴的源泉

校史文化的真正价值在于其所蕴含的丰富内涵和深厚底蕴，这是一个不可忽视的重要概念。在众多高校的发展历程当中可以看出，每一所学校都有其自身独特的文化底蕴。校园文化中的历史元素，也就是我们常说的校史文化，衍生出了这些丰富的内涵和深厚的底蕴，伴随着时间的流逝，平凡的事物最终焕发出具有独特价值和意义的光彩。高职院校的校园文化受到了校史文化的深刻影响，这种影响是不可忽视的，校史文化中凝聚着学校自建校以来所产生的历史精华，体现了一所学校在历史积淀中逐渐形成的独特的办学理念和办学特色，而正是由于受到校史中的文化因素的影响，校园文化才能具备深厚的底蕴，才能真正感染学校师生。

二、校史文化是校园文化建设突破瓶颈的重点

校园文化活动建设是每个高职院校都非常重视的活动。但是在以往的举办经验中来看，高职院校的校园文化活动存在许多问题，其中最为突出的一条是许多

学校的校园文化活动与其他文化娱乐活动之间的区别并不大，校方举办校园文化活动时也并未重视本身文化特色的体现。由此可见大部分高职院校校园文化建设工作依然进展缓慢，缺少突破。对于一所学校而言，校园文化建设活动绝不仅仅是一些娱乐性的活动，例如校庆、晚会，学校的文化工作者应当重视校园文化活动的文化底蕴和文化建设意义，否则再多的活动也只是流于形式，不能体现校园文化的价值和意义。对于校园文化建设而言，从校史文化中挖掘文化元素，将其创造性地运用于校史文化建设中就是突破当今高职院校校园文化建设瓶颈的重要途径。许多高职院校也曾举办过校史参观活动，在参观校史馆的过程中，校史的深厚底蕴令广大师生惊叹不已，这充分展现了校史文化建设的巨大潜能。在众多高校的发展历程当中可以看出，每一所学校都有其自身独特的文化底蕴。高职院校的文化工作者们应当基于此策划并实施各种以校史文化为媒介的校园文化建设活动，以便有效促进校园文化的蓬勃发展。

三、校史文化服务于校园物质文化建设

校园的物质文化建设可以通过校史文化所提供的查考凭据得到有效支持。高职院校的校史文化与学校发展有密切关联，但其内涵和外延却因不同时期而有所不同。从高职院校教学、科研等方面的文件转化过程中，校史文化得以形成并呈现出相应的成果；从校史文化的物质形态来看，可以看到保存着真实历史标记的文件材料，其中不乏当事人亲笔撰写的资料，许多文件上都存在着负责人抑或是相关人员亲笔签署或批示的痕迹，还有其他多种记录方式和载体的文件材料，这些都是真实存在的原始材料，为我们提供了确凿的历史见证依据。高职院校作为高等教育体系中重要组成部分之一，它所承载的校园文化内涵十分丰富。高等职业院校的校园环境不仅是学校文化底蕴、历史渊源、精神面貌的体现，也能够在一定程度上直接表现学校的学风、校风，以及管理风格。高职院校在开展校园物质文化建设的过程当中，必须深入挖掘校史文化中的记录，全面了解并掌握相关信息，以确保校园硬件环境能够顺利开展合理的规划设计，进而充分体现出高职院校丰富的人文精神和深厚的发展历史。将校史文化与校园的硬件环境进行充分结合，使得学生能够徜徉于校史文化的滋养当中，充分激发师生对于校园本身的热爱。

四、校史文化服务于校园制度文化建设

对于高等职业院校的师生来说，他们在积极开展各种科研、教学和管理活动的过程当中，逐渐形成了某种所有人都需要遵守的行为准则和道德标准等，而这也最终成为校园文化的重要组成部分。为确保人才培养的有序进行，就需要始终坚持管理育人。高职院校要深入挖掘自己的校史文化，从中探寻经过历史考验的管理经验、管理措施、管理方法，并以此为依据制订符合现状的管理工作资料，以便更好地开展管理育人的工作；制定完备的学生诚信档案制度，积极引导学生逐步树立坚实的诚信观念；为学生订立心理健康档案制度，辅以合适的心理危机干预疏导机制；持续推进校园制度文化建设，引导学生在人际交往、理性思考、情感表达等多个方面全面提升自我素养。师生能够通过深入了解校园制度文化而明晰自身的行为举止是否不妥，进而对自己严格要求，不断调整自身行为习惯，直至养成良好的行为品质。

五、校史文化服务于校园精神文化建设

校园文化的核心和灵魂在于精神文化，它凝聚了校园群体的世界观、价值观、伦理观、目标追求，同时也展现了高职院校的精神风貌、个性特色、社会吸引力。高职院校是我国高等教育体系中的重要组成部分，其校园历史积淀深厚，具有独特而丰富的内涵。高职院校校园文化建设的至高目标在于塑造高职院校的精神文化，其中包括确立其价值观念、培育学校精神、继承优良传统等多个方面。

高职院校文化和学校精神的传承，可以通过挖掘和利用校史文化资源来实现，这是学校精神文化建设的一种行之有效的方式。学校的发展历程在校史文化中得到了最为原始的呈现，这是对学校教学、科研、管理以及学生生活等各个方面的全面真实记录。所以说，高职院校在对校园文化加强建设的过程中，必须注重校史文化建设，以还原高职院校艰苦创业的过程和取得的各种成就，最终呈现出学校的精神风貌和优良传统，从而使原始素材和实物档案等更加生动、真实。老一辈校友的不懈努力和执着追求以及他们所取得的优秀成就，将激励之后的学生养成生良好的思想品德并尽心尽力地奉献。在高职院校的教学实践中，无论是备受瞩目的学者还是普通教师，他们的个人档案和专业档案中都存在着璀璨夺目之处，因此，我们需要充分挖掘这些资源，促使更多的学生能够真切了解到教师的敬业

精神和不懈付出，进而更好地培养师生之间的深厚感情，塑造出一种尊师重教的良好风气。高等职业院校的科技档案中存在众多的科学创新资源，这些资源不仅在一定程度上展示了学校所具备的强大的科研实力和整体水平，也在一定程度上呈现出学校关于科研的积淀成果以及盛行的学术传统。通过利用科技档案举办科研学术成果专题展等活动，学生们可以身临其境地感受到校园学术文化的熏陶，不断提高自己的创造潜能和创新思维，这种对科技档案的二次开发利用也能使其发挥更大价值。历史是一面映照着现实的镜子，它能够为我们提供深刻的思考和启示。

校史文化以其深厚的底蕴为之后的学校发展提供借鉴。学校师生可以从校史文化中汲取先进思想和优秀文化，以此为基础塑造正确的世界观、人生观、价值观。充分研究高职院校校史文化中存在的精神文化的精华是一种较高层次的档案信息开发形式，选题和材料选择是对高职院校文化的深度挖掘，而编研成果的出版发行则在很大程度上实现了高职院校各种先进文化的快速传播和推广。在高职院校的校园文化建设过程中，应当始终坚持以中国的先进文化的发展方向为主导，不断探索高等职业院校档案所蕴含的文化底蕴，以便能够进一步推进校园文化建设，进而有效促进社会主义先进文化的建设。

六、校史文化服务于新校区校园文化建设

（一）教育导向作用

中共中央、国务院《关于进一步加强和改进大学生思想政治教育的意见》文件指出："加强和改进大学生思想政治教育是一项重大而紧迫的战略任务，要努力开拓新形势下大学生思想政治教育的有效途径。开发利用高校校史文化，加强大学生的校史、校情教育就是其中的有效途径之一。"[①] 校史文化的存在使得学生能够以此为依据接受生动形象、细致入微、全面深入的思想教育，促使学生能够基于各种历史图像与物品感悟学校的历史与底蕴，最终建立起正确的三观，并且它还能够贯穿学生的生活与学习当中。

---

① 周亚夫．学习贯彻《关于进一步加强和改进大学生思想政治教育的意见》的几点思考 [J]．南京医科大学学报（社会科学版），2005（01）：62-64.

在进行新校区的校园文化建设的时候，高职院校需要充分发掘并使用校史文化当中存在的诸多爱国爱校的内容，并以此为导向有序推进新校区的校园文化建设。习近平总书记曾说："不了解中国历史和文化，尤其是不了解近代以来的中国历史和文化，就很难全面把握当代中国的社会状况，很难全面把握当代中国人民的抱负和梦想，很难全面把握中国人民选择的发展道路。中国人民正在为实现中华民族伟大复兴的中国梦而奋斗，需要从历史中汲取智慧，需要博采各国文明之长。""今天世界遇到的很多事情可以在历史上找到影子，历史上发生的很多事情也可以作为今天的镜鉴。重视历史、研究历史、借鉴历史，可以给人类带来很多了解昨天、把握今天、开创明天的智慧。可以说，历史是人类最好的老师。"① 自京师大学堂创立以来，中国的近现代高等教育一直在稳步发展。在这漫长的岁月里，学校历经磨难，几度兴亡，涌现出一大批令人动容的英雄人物，展现出波澜壮阔的革命史诗，高职院校的发展史是一部既有民族荣辱又有革命奋斗的历史。翻开高等职业院校的校史档案，不难发现，这些珍贵的文献不仅见证了学校的历史沿革，更展现了学校文化在教育和培养人才方面的卓越表现。

（二）传统移植作用

为了在新校区建设中更好地传承和移植老校区的校园文化，高职院校就一定要最大限度地发挥校史文化工作的价值。对于高职院校在异地创设新校区的情况而言，新校区通常建立在缺乏人文背景与文化底蕴的"荒凉之处"，这导致了新校区的校园文化建设面临着严峻的挑战，尤其是在校园文化的不丰富以及新校区与老校区的校园文化不对称等方面。新校区的设立旨在充分肯定一所学校的教育资源，所以说，在这一过程当中规模和空间的扩张一定要坚持合理性，而新校区与老校区在质的同一性方面的要求也属于这种合理性的必然要求，这一要求是需要全面且彻底地贯彻落实的。对于学校建设者来说，如果老校区的校史文化并没有在新校区中被充分建立，就会直接导致新校区中产生异化思想，进而导致新校区师生在心理上产生异质性忧虑，由此就会在很大程度上直接影响最终的办学目的，也会造成很大程度上的校园文化精神资源的浪费。新校区应当融合老校区原

---

① 习近平.习近平致第二十二届国际历史科学大会的贺信[J].中学历史教学参考,2015(17)：1.

有的校园文化特征，同时在新老校区之间协调发展校园文化，确保新校区流行的校园文化能够与老校区神似。在实现新老校区一致的校园文化精神的过程中，校史文化工作扮演着不可或缺的角色，成了极为关键的纽带。在新校区的校园文化建设中，老校区丰富多彩的校园文化活动、历史传统等内容，都能够在不知不觉当中培养并熏陶新校区的师生，从而使得学校的传统校园文化得以在新校区移植和传承。

《国家中长期教育改革和发展规划纲要（2010—2020年）》指出："高校要牢固树立主动为社会服务的意识……科学普及工作，提高公众科学素质和人文素质。积极推进文化传播，弘扬优秀传统文化，发展先进文化。"[①] 校史是高等职业院校自身特有的文化传承和发展的重要形式，记载着学校艰苦奋斗的历史，特别是在新校区的文化建设中具有显著的影响力。由于新校区地理位置偏远，并不具备较为深厚的历史文化底蕴，且十分缺乏人文气息，新校区与老校区之间并没有进行较为频繁的交流与沟通，就直接导致新校区严重缺乏持续发展的文化动力。基于此，我们需要明确一点，在学校当中，校史的存在能够有效连接过去与现在，使人充分了解历史与现实，所以，若是在新校区中不重视校史的传承，就会直接导致新校区不再具备老校区深厚的文化魅力，不利于其文化建设。由此，我们就需要在新校区中重点传承并弘扬校史文化，并以此为纽带实现新老校区之间的情感交流，并拉近彼此之间的距离。

（三）协调融合作用

高职院校合并后新校园文化的协调与融合工作，可以通过深入挖掘校史文化工作的内涵推进。对于新校区而言，高职院校的实质性合并不能仅仅是管理体制上的合并调整，而是需要建立起一种融合的校园文化。学校的灵魂和精神内核在于其原有的校园文化内涵，单纯地试图抛弃、改变由历史沉淀而形成的办学传统很难实现，因此，合并不同学校之间的校园文化的时候一定会出现冲突的情况。如果我们能够在这一过程当中充分挖掘出校史文化的价值，通过对各校办学思想、办学模式以及办学特色等方面进行更为深入的研究和学习，深入分析其发展的必然性、合理性、历史局限性，那么就能够更好地发挥校史文化的重要作用。由此

---

① 国家中长期教育改革和发展规划纲要（2010-2020年）[M].北京：人民出版社，2010.

就能够以一种更为真切的姿态对不同学校的校园文化加以理解与尊重，明晰其中存在的差异并加以协调。在这一过程当中，校史文化记录了新校区校园文化的融合与积极创造的过程，它创造了一种团结协作、开拓进取的良好氛围，在一定程度上有效减少了内部矛盾和阻力。如此一来，校史文化就能有效推动新校区校园文化的协调与融合。

（四）凝聚激励作用

借助校史文化的积淀，我们可以营造出一种浓郁的校园文化氛围，让新校区的师生深刻了解学校的历史沿革和未来发展规划，同时认真践行学校各项政策措施；塑造一种自我意识强烈、积极向上的学习氛围和工作习惯。借助校史中关于新校区师生努力建设新校区的记录，我们能够将广大师生的思想和力量加以凝聚，有效激励他们共同参与并推进校区建设，使他们从建设中获得强烈的荣誉感与校园认同感、归属感、责任感。

（五）参考借鉴作用

对于一所学校来说，本校文化的精华就是校史文化，其中不但有着学校一以贯之的办校理念，也存在办学规划、学科建设与专业建设等方面的切实的历史依据。为了确保新校区校园文化的建设和发展符合学校发展的要求，高职院校必须在深入了解学校发展历史的基础上，积极探索自主创新的途径，以提升学校的文化品位。学校新校区的校园文化建设工作，得益于校史文化所总结的教学科研与行政管理经验，这些经验不仅为学校提供了经验，更有效促进了新校区的文化建设工作的顺利开展。科研档案作为校史文化档案的重要组成部分，承载着教学科研的成果与实力，从多个角度都呈现出其极高的价值。查阅相关资料能够在很大程度上减少科研工作的重复性，激发师生的选题思维，开拓思路，使之进一步探索新的研究领域。科研人员在编写科研课题书、进行科研开发时，必须依赖科研档案这一不可或缺的凭证和参考材料，因为它是科研过程中必不可少的组成部分。

第四章 弘扬高职院校校史文化的基本举措

一个学校的发展历史就是校史，它可以真实记录一个学校的发展路程，向后人展示学校在成立、发展和壮大的过程中经历的曲折和艰难，对学校发展过程中的经验、教训和智慧进行总结归纳。研究校史可以了解到一所学校的办学理念、管理模式以及校风校纪、教风学风等具有特色的精神文化，是研究学校教学方法和管理方式的一种重要资料。教育史学界近几年掀起了一股校史研究的热潮，不仅是普通高校，各类高职院校也都积极地开展了自己的校史研究和开发工作。

随着校史研究热情的高涨，有一部分高职院校因为建成年限短，校史资料缺乏的问题逐渐凸显出来。很多在新校区工作学习的教师和学生表示，无法在校园内感受到深厚的文化底蕴，虽然这种感受很大程度上是由于新校区使用时间短，人文底蕴不足，但是还有一部分原因是在校园文化建设方面没有做好规划，使得学校出现文化缺失的现象。我们不能否认，在新校区建设的过程中，学校领导和相关部门过多地关注校园物质和基础环境建设，而忽略了文化环境的建设。校史的写成建立在校园文化的基础之上，而校园文化的建设又与校史的开发和研究工作息息相关。

以校史文化推进高职院校校史文化建设主要包括三条基本路径：一是通过进一步整合校史文化的育人资源，加强校史文化场馆建设，以校史文化推进校园物质文化建设；二是通过进一步搭建校史文化的育人平台，丰富校史教育实践内容；三是通过进一步提升校史文化的育人价值，完善校史文化课程建设。

第一节 加强校史文化场馆建设

校史文化的呈现要以各种事物为载体，因此想要广大师生学习校史文化就要积极进行校史文化载体的建设。校史文化载体不是单一的，可以分为有形载体和无形载体两种类型。校史馆、史籍和校园内的历史标志物以及影音图像资料等都属于有形载体；校史选修课、文化传播团体和相关文化活动属于无形载体。有形载体可以让人们直观感受到校史的力量，是高职院校进行宣传教育和校史建设的重要手段。相较于有形载体，无形载体更多地是起到辅助传播以及潜移默化的作用。

一、建设校史馆

一所高职院校校史文化建设程度的高低可以从有没有校史馆看出来，因为校史馆是开展校史文化建设的重要基础设施。有一些较早进行校史文化建设且进行程度较好的高职院校已经将校史馆加入到了文化荣校战略中。在实际的发展过程中，由于各个学校选择的战略和发展力度不同，校史馆的建设程度也各不相同。一般情况下，高职院校的校史馆内容设置都会涉及文字展览、图片展览、事物展览以及多媒体技术展览等多个方面；按照规模大小可以分为大、中、小三种类型。各高职院校可以根据本校的发展状况，选择适合自身实际情况的模式。

（一）校史馆的独特功能

1. 实物档案功能

校史馆除了能宣传校史文化外，还能够陈列和保护有价值的物品和资料，可以将学校的实物档案进行整理归纳，作为有价值的档案资料妥善保管。

校史馆收藏的实物档案可以是校园规划蓝图和模型，也可以是师生自制教具等，这些都是校史的重要组成内容，师生们通过参观各个历史时期和学校不同发展阶段下的校史资料可以直观地了解学校发展历史，并以此为基础对自己当下的学习和生活以及未来进行规划和探索。展览物品中的奖章和荣誉证书还能对学校师生起到一定的激励作用。不同时期的档案资料可以真实地反映不同阶段的发展状况，因此在进行校史、大事记、年鉴等材料档案的编撰编研工作时可以以这些实物档案为基础，这样编纂者能够更直观地感受学校的发展变化和其中的艰辛。

2. 导向示范功能

学生的价值取向、思想品德等会受到多方面的影响，而校园中互动文化的环境会对学生的发展产生深刻的影响。从这个角度进行考虑，一个强有力的校园文化氛围能够在带领全校师生实现发展目标的过程中起到促进作用，并且能够为学校发展目标的实现提供强大动力。

高职院校信念体现的起点就是校史馆，一个学校的发展历程与艰苦奋斗的道路全部浓缩进短短的甚至不足百幅的展览篇章中，一代又一代学校领导和老教师的努力奋斗在校史展览馆中得以体现。在认真学习了前辈们严谨的治学态度、诲人不倦的教学品格以及爱岗敬业的奉献精神后，后辈师生可以树立正确的人生观、价值观，培养自身刻苦学习、发奋图强的精神力量，更快更好地成长为社会主义事业建设者及接班人。校史馆内设置的名人展区可以将名家大师的事迹和他们的毕生所学和重要研究成果集中展示，手稿、论文、教案等研究成果的展示能形成强烈的视觉冲击感，将最真实可信的史实资料展现在师生面前，利用前辈的示范作用，让全校师生进行自我教育和自我升华。

3. 对外接待功能

校史馆大量的文献资料和具有特色的展览方式是吸引参观者的重要因素之一。对于刚入校的新生、即将离校的毕业生、多年后返校的校友来说，校史馆一定是必到之处。学校院系管理部门通常也会将校史馆参观工作作为政治学习的一部分。此外，在学校设置接待外宾、社会团体或学术团体以及来访家长的环节流程时也都会把校史馆的参观放入其中。校史馆内丰富的资料、寓意深刻的纪念档案等都会使来客深刻体会到学校辉煌感人的成就与发展的艰辛，可以更好地向外界宣传办学理念和育人精神，它是学校对外宣传和交流的重要阵地。

（二）校史馆建设的目的和意义

在某些历史阶段，学校可能会面临分裂或重组的发展要求，学校名称也会随之变化，这个时候校园文化的建设就成为改制之后新学校发展的重点之一。校史馆此时作为文化建设的基础设置之一就要承担起重要的责任。校史馆可以将学校各个历史时期的文化、办学过程以及校园风貌展示出来，它不仅是一个重要的校园传统与文化的展示舞台，更是学校进行学生综合素质培养的重要基地。近些年许多高职院校都在修建自己的校史馆，这说明学校管理者已经意识到在校园文化建设过程中校史馆所起到的重要作用，不管是本校师生还是外界访客，都可以在内容丰富、设计独特的校史馆中有所收获。学校的办学历史以及长久以来的文化积淀都可以通过校史馆中各类文件和资料的展示表现出来，这是学校对师生进行校史校情教育、爱国主义教育以及价值观、人生观教育的重要方式。校史馆具有很强的文化教育功能，可以促进校园文化的建设和创新，可以帮助教师更好地完成传统教育教学方式和新教育理念的有机融合，同时还能够促进师生的共同进步和自身综合素质的提高，是学校变化和创新历程的记录者。有了好的校史馆建设，学校的发展和成长就有了更加丰沃的土壤。

校史馆建设是一项具有教育意义和历史意义的重要工程，可以使高职院校内被深藏的史实资料再次呈现出价值，高职院校可以以此为基地对学生进行兴校教育和强国教育，校史馆还是承载学校历史和文化精神的平台。校史馆的建设工作一定要格外慎重，做好做强校史馆既是对前辈努力的尊重，也是对后辈进步发展的负责。校史馆的建设能够鼓舞学生和老师，使他们更加有信心地迎接校园建设中的挑战与风浪。

（三）校史馆建设的基本措施

1. 注重硬件建设，突出本校特色

在进行校史馆建设时，学校相关负责人一定要注意馆址选择和馆内布局设计方面的问题。很多校园内有老建筑的高职院校都会把其作为校史馆的首选地址，一方面可以体现出学校历史的久远；另一方面建筑本身就是一种历史展现形式，更能加强校史文化的影响力。

2. 丰富校史馆藏，进行多元展示

高职院校在进行校史馆建设时要注意对现有的历史资料进行深度挖掘和资源整合，让有限的馆藏资源有更多的可能体现出学校发展的特色。校史馆的建设除了文化资源外，建筑艺术、陈列设计、文物保护和消防安全等方面也是十分重要的，只有各方面做到合理完善，才能建立一个有综合使用价值的校史馆。高职院校校史馆的建设可以大胆地将传统文化和现代技术结合起来，利用多媒体、数字电视和背投电视等现代方式将传统历史展现出来，还可以借助舞台设计一类的布置，利用灯箱、声光电转换等效果设置将文字和图案用更加新颖多变的方式展现出来，给观众带来更加丰富的感官体验。除此之外，校史馆的展览内容还应该以

观众的需求为主要参考，有针对性地进行内容的陈列和布置，使宣传和教育效果达到最好状态。

3. 宣传校友典范，树立学习榜样

每个学校都有杰出校友，高职院校同样会有分布于各行各业的优秀毕业生，他们是有着丰富社会资源并且对母校有着深厚感情的一群人，在学校发展的过程中如果有他们的力量加入，那么学校将会拥有一个宝贵的资源库，其进步的速度就会更上一层楼。从这个角度出发，校史教育的建设如果能有这些优秀校友的力量加持，一定能够使建设工作迸发出不一样的活力。在进行校史馆内容设置时，可以将优秀校友设置成一个专区，对他们的优秀成果和杰出事迹进行宣传展示，以实现模范榜样的作用。对于尚未踏出校园的学生来说，每一位优秀的前辈都是很好的老师，前辈的学习态度、创作成果、社会经历以及人生感悟等都是学习资料，校友们在社会各界的先进事迹和荣誉成果都能够给在校生以激励，使其以更自信、更光荣的心态投入到以后的学习生活中。这对学校在人才培养方面的工作有很大的帮助作用。

4. 提升编撰能力，鼓励校史研究

近些年，各学校进行的校史馆陈列热潮足以说明历史在学校建设方面的重要性已经被人们认可，无论是校园内还是社会上，人们对于校史的承认和接纳度已经非常广泛了。校史作为历史的一种，是历史研究工作的重要组成部分，可以从客观的角度反映出前辈人办学历程的不易以及学校建设与国家发展之间的密切关系，以前辈科教兴国、育人报国以及莘莘学子成才建国的历史事迹为鉴，让后辈人以此正衣冠、知兴替。同时，高职院校还可以激励相关专业人才在党史、校史方面进行深度研究，培养出更多的专家学者。校史纪念册和名人纪念册也是展现历史风采，使校史资源进入课堂和生活的途径之一。

5. 结合学校历史，分阶段布置校史展区

在对校史资料进行展览和讲解时要注重高职院校发展过程中具有里程碑意义的事件，按照时间节点的重要性对展出的图片、资料和物品等进行选择和布置。

6. 设置多元平台，展示不同校友的风采

首先，学校的影像资料和文字记录等可以尝试突破单一形式的展出模式，在多种平台进行展示或巡展，也可以在网络或校园广播站等传播平台开放点播等通道，让学生了解自己感兴趣或需要的历史资料。其次，高职院校在校园内可以引进先进的科技设备，如讲解机器人、触摸展示屏等设备，让师生能够自由查阅需要的资料，同时也方便参观者了解学校的概况。高职院校还可以创作一个记录学生成长的系统，在毕业若干年后学生只要输入自己的信息就能回忆当年在学校的成长足迹。最后，高职院校还可以建立一个电子签名系统，可以识别手写输入，更能方便信息的实时记录和更新，也能让新老师生在校园内留下学习和生活的痕迹。

7. 设置自由展示区，彰显多元化学校文化

（1）自由展示区的设置是为了在面对不同参观对象时，可以根据他们的不同需求灵活改变展出内容。在不需要启用自由展示区的时间里，它可以用于向师生们展示学校的标志性建筑或荣誉，也可以将前述的电子签名系统设置在这里，方便领导对学校荣誉题词或参观者留下自己的感想。

（2）除上述功能外，自由展示区还能方便毕业生在毕业季时留下自己的感想或对未来的畅想，若干年后他们还可以回来看看自己年少时的梦想，兑现当年许下的诺言。

二、举办校史专题展览

各类校史专题展览能够帮助学校更快地完成校史普及教育活动。高职院校可以借助第二课堂系统，开展宣扬学校育人理念、办学思想和校史精神的活动。校史馆是进行学校形象展示、人文精神宣传和爱国主义教育的重要平台，建设校史文化有助于形成一种"显文化""主文化"的校园文化氛围，可以将校史文化融入学习生活的各个角落，让学生除了在课堂上接受教育以外，在平时休闲娱乐的过程中也能潜移默化地受到校史精神的熏陶，在受到激励后可以奋发向上，不断进步。以此为主要关注点，高职院校除了要做好第一课堂的教学任务外，还要积极进行校史的研究和编纂，同时与第二课堂紧密结合，开发出一个新的校史教育阵地。这里提到的第二课堂，是相对于在教室里进行的课堂教学——第一课堂来说的，它能够促进学生在学校课堂教学之外进行各种有组织、有计划和有目的的教育活动或社会实践活动，如各类艺术团体、兴趣小组或志愿者服务等。作为第

一课堂的延续、补充和深化，第二课堂能够不断开发出教与学的新形势，可以以不一样的形式实现知识的学习和巩固。作为校史教育的延续和发展，第二课堂可以提供更多有趣、新颖的教育活动，在轻松愉悦的氛围中完成校史教育任务。

（一）全面的校史宣传活动

一般情况下，学校内都备有广播站、文化宣传橱窗和校园网等基础设施，这些平台和宣传媒介都能够打造和谐美好且热情洋溢的校园氛围，高职院校自然也可以利用这些平台进行校史教育、校情宣传等工作。这是提高学生对学校情况的熟悉程度，开展多渠道教学育人工作的极佳方案。

（二）参与式校史教育活动

要建设多渠道的校史教育工作就要有多样的形式，如在全校范围内开展校史主题的征文活动、校史知识抢答赛以及校园风貌摄影大赛等既有趣味又有竞技意味的比赛活动，激发学生们的参加热情。高职院校也可以面向学生招聘校史馆讲解员、校史文化宣传大使等志愿者，全面提高对学生的素质教育力度。这样就可以在进行文化知识宣传的同时，增强学生对学校的归属感和认同感，使他们以更强的责任心和荣辱感加入校园文化的建设中来。

三、建设校史主题公园

一座校史馆或主题公园若想要被称为大型，就需要具备 4000 平方米以上的占地面积，这个大小应该是一个高职院校的校史馆建设的理想状态。相比于中型的校史馆来说，大型的校史馆能够拥有更大的空间进行实物展示和科技设备布置，这样就能从细节上完善校史馆的建设和内容拓展。主题公园的模式主要是"园中有馆"的设计，以学校历史发展的时间脉络为主线，将不同历史时期出现的杰出校友和优秀教师的事迹进行展示，将学校发展过程中的光荣事迹、交流成果、重大历史事件等放入展厅进行展示，让广大师生在了解学校历史发展的过程中产生情感上的共鸣。这样的主题公园可以让师生在享受休闲时光的同时完成校史知识的学习，当然，这样的伟大工程可能需要几代的校史研究者和校园建设人员不断努力才能完成。

　　像这样的主题公园一般都会有雕塑或者标志物的存在，可以是先贤大家的人物雕塑或学校历史上著名的历史人物；除此之外，还应该有校园道、阁楼或亭台、人工湖等，另外它们的命名也是一个重要问题。其中，雕塑一类的设置，可以选择学校某一学科建设的创始人、在专业领域有杰出建树的专家学者、在学校建设过程中给予了帮助的社会人士等，也就是说这类雕塑的设置需要选择有影响力或与学校建设有关的人物。需要注意的是，在世人物一般不为其设置雕像。在设计雕像的大小和风格时要考虑到与周围环境的匹配程度，并且这些雕像需要选择那些不易损坏腐蚀的材质，方便长期放置于户外环境，在对其进行命名时要简洁而清楚，突出人物的生平事迹和贡献，以起到模范作用。公园内的道路和建筑物可以以学校历史上重要的人物命名，也可以以当地或校园内发生过的具有重大历史意义的事件命名。此外，科研项目、人文精神以及建筑物功能都能作为名称，具体的命名结果需要根据实际情况自行选择。

　　随着我国教育事业的不断发展，目前已经有许多高职院校设置了新的校区，有些新校区甚至是跨地区的设置，这些新校区往往没有太多的人文背景和文化底蕴，缺乏校园文化和历史文化。因此，在新校区的校园内部布置环节，高职院校可以将学校本部的校训、办学理念、育人精神以及重大历史阶段具有纪念意义的物品加入进来，也可以在教室、办公室、宿舍楼等公共空间内设置一些学校的老照片、历史人物或者特色景观的照片，图书馆、体育场和休闲活动区域也可以放置一些有关老校区的历史介绍等读物资料，以此来为新校区增添一些人文和历史气息。校史主题公园的建设主要内容就是将学校的历史发展进程、办学理念和教学精神等文字资料以石碑、雕塑、校史柱或宣传栏等形式进行集合和归纳，将校史知识更生动形象地展示给师生，使它们融入新校区的整体环境中，这样既能增加新校区的文化氛围，又能于润物细无声处实现教育目的。想象一下自己作为一名学生，可以每日生活在环境优美、文化建设良好且历史底蕴丰厚的校园中，怎么会没有学习的热情和动力呢？在进行新校区建筑风格设计时，设计者还可以加入一些老校区历来被师生们喜欢赞扬的建筑样式，校园内建筑的名称也可以选择曾经任教或任职的老教授、老领导的名字，以体现不忘初心的治学态度；甚至可以建设一个和老校区相似的小型主题公园，让新校区的师生也能了解学校的整体变迁情况。以上诸多的方式，可以为新校区的建设增添一份文化氛围，帮助学校在学习生活的各方面实现对学生校史知识的学习和校史精神的培养，建成一个有良好教育环境的校园。

四、培养校史工作人才

长久以来，高职院校的校史文化建设一直没有很好的发展，主要是由于优秀专业人才的缺乏，不管是社会建设还是校园建设，没有优秀专业人才的参与，即使有一份美好蓝图也难以实现。因此，对于目前的高职院校发展状况而言，校史文化建设和专业人才的培养工作要做到两手抓，共进步。

（一）培养校史选修课的教师

要想实现校史的快速普及，最直接且最有效的办法就是设置校史选修课，这类课程的选课方式和课程设计与普通课程没有太大的区别，它们最大的不同就是授课方式。普通的文史类课程尤其是选修课程，关注点都是知识点学习和文史认知水平的提升，但是校史选修课程的关注重点则是通过课堂的学习使个人的人文素养得到相应的提高。这样看来，校史课程的老师不像"传道、授业、解惑"的传统型教师，更像是一个"讲故事的人"，他们要讲好学校历史，讲好校园故事。就像莫言在获诺贝尔奖的致辞上说的："我是一个讲故事的人。"[①] 校史选修课程就像莫言评价自己的作品，一切都是认真讲给听众的故事。

要想建设好校史选修课程就要对授课教师进行认真选择。最重要的一点就是这名教师要对校史文化建设抱有极大的热情和兴趣。在最初的时候，他可以没有深厚的校史文化知识，但是必须要有热情和动力，这样才能够成为一名优秀的校史课程教师。在对校史选修课程教师进行培训时，一般有集中培训、引导自学、聘请兼职三种方式。第一种，集中培训。接受培训的教师可以是校内的也可以是校外的，要进行集中听课培训，学习的内容就是关于校史的基本教材和相关史籍，培训过程中穿插着校史馆参观活动，在培训结束后教师可以收到结业证书。第二种，引导自学。给相关专业的教师发放校史的史籍和影像资料，并进行抽查和评定，和教师的职称评定联系在一起，并鼓励他们积极参与校史文化建设项目，帮

---

① 朱振武，谷恒恒.影响中国的演讲 [M].沈阳：辽宁人民出版社，2019.

助他们申请所需资金，甚至可以将校史课程由选修课发展为专业必修课。第三种，聘请兼职。学校可以返聘那些退休或退出一线教学前线的老教授、老学者作为校史选修课程建设的顾问，对他们的授课内容不必过于苛刻或教条，只要能够生动准确讲述出不同发展阶段学校的发展情况与变化即可，这也不失为一种鲜活的授课方式。另外，也可以将思政课教师加入进来，让他们以志愿者的身份参加到校史讲解工作中来，在学习中工作，在工作中学习，不断丰富自身的校史知识，并将其灵活运用到自己的专业课程中。

（二）培养校史馆学生讲解员

高职院校的校史馆要向更多的参观者开放，不要仅仅局限于本校的师生和职工，也要对外来访客进行开放。同时，新生入学后的校情校史教育工作也可以交给校史馆来完成，可以选择学习过校史知识或文史相关专业的学生作为讲解志愿者，这可以减轻新生入校初期档案管理人员的工作压力，也可以使学生在完成讲解工作的同时，接受思想政治教育，可以说是一件共赢的事。校史馆工作并不是一件简单轻松的工作，甚至可以说是一件高标准高要求的工作，相关工作人员要不断地学习、挖掘或更新校史内容，并且也要不断加强自身的校史文化功底，为参观者带来更丰富、更全面的知识讲解，让他们能学习到生动有趣的校史知识。除了校史知识的讲解外，高职院校的校史馆还能进行思想政治教育和对外宣传活动，这种功能是以档案馆的建设为基础的，并且只有加大校史馆的开放力度，这种功能才能起到相应的作用。作为思想政治教育的主阵地，校史馆内的工作人员需要接受专业系统的培训，要能够将需要讲解的历史知识与当前的思想政治教育工作进行有机结合，从而发挥出校史知识和思政知识的最大作用。这就要求讲解工作人员除了具备较好的思政素质和牢固的专业知识外，还要有灵活的头脑和强大的心理素质。

（三）建立校史研究相关学生社团

目前，由学生自发组织成立的校史研究社团逐渐出现在了高职院校的社团群体中。有了这些社团的存在，学生们就有了为校史工作的建设和校园文化建设贡献自己的力量的途径。每个学校的办学历史都是一部可以启迪智慧的书，书中有辉煌的发展历程，也有学校文化和学校精神的形成过程，品读这本有着悠久历史的著作，是对精神的慰藉，也是给心灵的给养。校史社团的建设能够给学校校史文化建设开辟出一条新的路径，在这个平台上大家可以各抒己见，集思广益，以更加丰富多样的形式进行校史文化的传承和传播，在宣传校史文化的同时也在创造着新的学校历史。虽然这是在学生之间组织成立的学习社团，但是它的发展和成熟还是要得到高职院校相关工作者的帮助，在他们的指导和建议下逐步完善内部结构。有了学校的帮助，校史社团可以在更高的水平线上发展，为校史文化的建设提供有力支持。

第二节　丰富校史教育教学内容

一、开展校史校情教育

如何提高学生的整体素质是目前高职院校需要解决的重要问题之一，而可供选择的方式方法中，校史教育和校情教育是关注度最高且普遍认为有效的措施。在学生的综合素质培养环节中加入校史和校情的教育具有可操作性强和可见性强的特点，能够有效激发学生的学习热情，并且可以在潜移默化中完成教育任务，减轻学生的学习心理负担，更好地指导他们未来的发展，促使其优良品质的形成。

目前很多高职院校都有改进和加强校史校情教育工作的需要，在此，作者认为可以从以下六个方面着手。

（一）强化对新生的校史校情教育

刚刚结束高中时代的新生，对即将生活和学习的校园充满了好奇与期盼，如果在入学初期就能够系统地学习到学校的历史与发展方向，想必会让他们未来的学习和生活更加有动力和热情。这时候进行的校史校情教育工作可以让学生对学校的认同度更高，可以实现更强的教化和导向作用。按照不同层次的划分，初步的认同应该在认知层次，进一步加深就进入情绪认同层次，完全的认同就会含有行动的成分，对于他人、群体和组织的认同使得个体与这些对象能够紧密地融为一个息息相关的整体。在新生之间进行校史校情教育会增加学生对学校的认同感，能帮助他们更好地理解学校做出的规划部署和政策措施，能够树立一个良好的学校形象，促使学生们良好学风的形成。因此，将校史教育设置成新生的"开学第一课"是很有必要的，可以说是育人工作的第一步。一所学校除了教书育人之外，还应该给学生们树立一些好的榜样，形成良好的氛围，只有这样才能使学生在校期间能够从学习和生活的方方面面接受熏陶，成为真正品学兼优的社会人才。

综合以上观点，高职院校的新生入学教育可以设置不同的内容和形式，如校史校情讲座、老校友座谈会、校史馆参观等都是不错的选择，还可以邀请学校领导深入各院系和学院讲解学校的长期规划部署或者邀请学长学姐讲述学校的奇闻轶事。这样可以让学生们在轻松愉悦、形式多变的活动中完成对学校发展历史的了解，并且可以从心理上建立一种与学校共进退的荣辱感和认同感。在这样耳濡目染、言传身教和潜移默化中对学生进行熏陶和教化，能够对他们未来的发展产生巨大的影响，可以让宝贵的精神财富代代相传，为祖国和社会培养一批批的建设人才。

（二）开设校史校情选修课和专题讲座

高职院校想要进行校史校情建设，除了可以开设相关的选修课程，还可以在日常开设的形势政策课中加入一部分与校史校情有关的内容，也可以定期设置校史校情讲座，由政法学院或校史馆负责策划、邀请讲师和选题，学校建设过程中的老校长、老教师和老职工以及校友和任课老师都可以作为主讲人，按照他们所具有的素材开设不同主题的讲座。在学校长久的发展历程中，不乏一些感人事迹和言行，学校可以成立一个专题组，将这些事迹和言行搜集编纂成册，供学生们传阅。虽然高职院校在一些方面和普通本科高校存在一定的区别，但是这并不代表不需要为自身发展发奋图强，只要勇于拼搏、努力钻研，一样可以在学科建设和学生培养方面收获成果。因此，想要引导学生努力拼搏、奋发向前，合理进行校史校情教育有着重要的作用。

（三）定期邀请知名校友回校演讲

一个学校的代表和招牌可以有很多形式的存在，就像是各级各界的优秀校友，他们都是活跃在社会各界的学校代表，他们所展现出来的学问本领和处事原则就代表着母校的治学态度和精神风貌，他们就是学校真实样貌的侧面反映。这些优秀校友在校期间的表现和进入社会后的奋斗历程或创业事迹都是具有重要教育意义的，如果可以邀请他们回校演讲，对在校生来说可以起到实实在在的激励作用。

（四）充分发挥思政课程教师的作用

目前各级学校对学生进行思想政治教育的主要途径一般都是思想政治理论课，这是全面提高学生思想政治素质的主要阵地。因此，思政课教师在培养学生思政素质和校史校情教育方面的重要作用是不容小觑的。社会主义学校的本质体现就是学校会对学生进行思想政治理论教育，这种手段能够帮助学生坚定社会主义理想信念，正确掌握马克思主义科学理论和科学方法，是学生进行思想政治学习的主要方式和重要途径。一所学校对于思想政治课的重视程度和把握方向，直接体现在培养出来的人才质量上，这不仅关系到怎样培养人的问题，更关系到中国高等教育的发展问题。因此，思想政治课教师要积极发挥这方面的主导作用。但是在目前的教学实况中，思政课教师在学生校史校情方面的关注度很少。这种情况的出现主要有以下两个方面的原因：一是教师没有正确把握校史校情教育的重要性；二是教师本身不具备完善的校史校情知识结构。因此，思政课教师一定要加强对校史校情教育的重视，并不断丰富自己的知识储备，只有这样才能将课本知识与实际情况结合起来，更好地对学生进行校史校情教育。

（五）组织人员编写年鉴和校史

学校的演进过程可以说是社会演进大系统中的子系统，它与我国的政治、经济、科学和文化方面有密切的联系。学校的演变就是中国教育体系的演变，因此，探寻、研究校史校情是掌握中国教育演变规律、总结经验教训的好方法，对完善今后的发展道路，促进教育体系向更好的方向发展是有很大帮助的。高职院校应该加强对校史校情资料的搜集、整理和保护工作，并将其以年鉴资料和校史著作的形式保存下来。为保证高质量地完成校史校情研究工作，高职院校要积极搭建校史校情研究平台，完善研究机构的工作流程，从而促使名个专业的教师和学生都参与到这项工作中来，并且还要为研究机构争取充足的研究经费和课题支持。这些工作的进行，能够激发师生的工作热情，增强他们对学校的自豪感和自信心，使得他们以更加积极和饱满的热情投入到学习和工作中去，为学校教学水平的提高贡献自己的力量。

（六）加强以校史校情为主的校园文化建设

中共中央、国务院在《关于进一步加强和改进大学生思想政治教育的意见》中指出："大力建设校园文化。校园文化具有重要的育人功能，要建设体现社会主义特点、时代特征和学校特色的校园文化，形成优良的校风、教风和学风。"高职院校要积极建立并完善校史校情教育体系，可以通过设计校园纪念物、建筑物和档案馆等丰富校园文化氛围，在校徽、校歌、校风、校纪等内容中加入有关校史校情的知识，完善校本内容，加强校园德育工作。

二、开展校史主题教育

目前高职院校内的校史文化传播组织一般有直属于校内的校史文化建设机构和师生中的爱好者自发组织的团体和学社。直属于学校的机构在校史文化建设活动的设计方面更具有专业性和针对性，而师生自发组织的社团比较自由，更具有热情。想要使校史文化实现丰富师生校园生活的目的，就要将以上两种组织之间的关系分析清楚，要将专业性更强的组织和社团设置在校史馆的领导下，使它们具有更高的权威性和准确性，起到领导作用，与此同时，不能忽视对师生自发组织的社团的引导，要使它们能够始终朝向正确的方向发展，将积极作用发挥出来。

高职院校内的校史活动包括很多种类。第一，直接的校史文化建设活动。例如，知识竞赛、演讲比赛，一般可以由校史馆或校、院团委发起并组织，联合学生会等多部门共同举办，在规模上可以设置得宏伟壮观一些，能够更好地渲染氛围，加强学校光荣历史的影响力。除此之外，学校还可以组织校史故事会和知识研讨会等活动，可以请前辈、领导或教授讲述更加真实生动的学校建设故事，会后还可以组织师生对前辈们的精神态度进行分析、总结和归纳，做到每次交流学习必有收获。第二，间接的校史文化建设活动。学校的各个院系和各种社团组织，每年都会举办各种各样的文化活动，在这些已经具有一定影响力的活动中加入一些校史校情知识，不仅可以使这些活动显示出更强的文化底蕴，还可以起到更好的传播和教育作用。例如，在辩论赛的辩题选择中加入对老一辈教师学者所具备的教育思想的辩论，通过新旧观念的碰撞使这些教育思想发挥出更强大的作用；设置一些关于校史知识和校史文化的奖项，然后对参与者进行校史文化水平测试，按照其掌握程度的不同设置多个级别的奖励，以此来提高师生们对校史知识的重视程度。

第三节　完善校史文化课程建设

就目前的情况来说，高职院校的师生们对于校史知识的了解程度和重视程度都不算太高，因此，进行校史文化宣传和建设工作势在必行。当下关于校史文化的普遍情况就是：重要性的认识已经到位，但是落实力度和掌握程度还远远不够，并且热情程度也不高。这就导致了师生在对校史文化知识的认知和行动方面存在严重的脱节现象。这就要求高职院校积极探索提高师生对校史文化热情的途径，使校史文化能够在全校范围内进一步普及并发挥作用。

一、编写校史教育读本

在目前已有的校园建设当中，校史文化的作用和重要地位都没能很好地体现出来，甚至有些高职院校还没有着手准备校史文化的建设工作。目前的校史研究工作还处于初步兴起阶段，更多学校的校史编纂工作的主要内容是名人录、大事年鉴以及行政变迁等方面，虽然在版面设计和印刷工序上都是十分精美用心的，但是内容上的缺失尤其是在办学特色和教育理念方面的不足，使得师生无法从中获得更多的能量，依旧无法成为佳作。虽然众多教授学者的丰功伟绩在内容上得以体现，但是在人物介绍的设置上并没有进行区分，无论贡献大小、不分专业成就，一律给予充分的肯定和恳切的褒奖，这使内容显得平淡无奇，学生无法深刻了解到人物的特性和风貌。这样的校史编纂内容，虽然也是经过用心搜集才完成的，但是难免给人一种缺少"灵魂"的感觉，因此，高职院校在此后的校史读本的撰写工作中要将这个问题重视起来，完善内容和形式。

（一）校史教育读本的编写原则

校史教育读本应该以真实记录学校历史为根本，校史的研究和编纂者要运用科学的理论和方法，对现有的资料进行研究、整理和归纳，将长久以来学校的办学理念、教育思想以及校园文化以文字或规律性的理论呈现出来，在总结经验中进步和发展，为高职院校未来的发展之路寻找一个更加光明的方向。

校史读本作为历史的一种，要按照历史学的原则进行资料的整理搜集工作，尊重史实，所言所写都要有理有据，坚持孤证不立的原则，以历史事实为理论依据的论点才值得信任。校史教育读本的内容不能只是就事论事的描述，要以丰富的历史资料和科学严谨的工作方法为基础，挖掘真理和规律，寻找真正能反映学校优良传统的、足以启人心智的精神文化。在这个过程中，高职院校要积极进行自我反省和自我超越，为学校建设和发展的新征程蓄势。

党在建设社会主义文化强国的过程中提出要将校史教育读本的建设工作提到更高的层次上来的要求，各类学校包括高职院校在内要深入开展校史教育读本编研工作，以自身建设与发展要求为基础，在编研工作中实现自身内涵和文化软实力的提升。高职院校校史教育读本的编研工作具有三点积极影响，第一，可以为积极健康、和谐美好校园的建设提供助力，将校园文化提升到与社会主义核心价值观一致的高度；第二，校史教育读本的编研能够连续、完整地弘扬校园文化，使之不受突发事件的影响，能够一直流传下去；第三，能够给高职院校的思政工作和学生素质教育带来动力，能够培养出一批具有过硬素质的学生和教师。

（二）校史教育读本的编写形式

1. 以"正史"为主，以"野史"为辅

各高职院校可以根据自己学校的实际情况来制订合适的校史教育读本体例，但是要注意内容上要学术与人文兼备。我们通常讲到的历史都指的是"正史"，而在校史编研过程中，除了"正史"之外，"野史"的加入也会使内容显示出不一样的趣味，很多学校除了校史教育读本外还有"校史系列丛书"，像《老北大的故事》《北大旧事》一类的"野史"内容一样拥有大量的读者，对读者的影响也很大。"野史"是一个学校的生动体现，能将一段历史时期内的校园生活和师生面貌生动地展示出来。

2. 以人物为经，以故事为纬

校史教育读本中的人物一般是在本校工作和执教过的领导与学者，一所知名的高职院校一定会有执行力强且规划合理的领导与教师团队，也一定会有吸引人的校园文化和奇闻轶事。一段经典或传说经过校史教育读本的传播一定会起到润物细无声的作用。

（三）校史教育读本的关系处理

1. 继承与发展的关系

发展的前提是继承，继承的结果是发展。没有继承就没有发展内容，继承得不到发展就是没有意义的继承。高职院校的发展会有成功的经验与成绩，也会有失败的教训，对此要持有辩证的态度。面对同为历史的校史，要实事求是，不能以今天的理念来批判前人的成绩，更不能全盘接受前人的观点而苛责后人。校史的编研工作要始终在继承和发展中进步。

2. 积累和发掘的关系

科学研究实际上是一个积累的过程，需要研究者能够博观约取、厚积薄发，否则就难以在广度和深度上有所作为。校史教育读本需要有很强的史料功夫，编写人员要有夯实的基础和发掘新材料的能力，这其中除了史学基础还要有教育学、管理学等专业知识，要在研究过程中不断提高自己的水平和研究能力。

3. 学术与人文的关系

校史教育读本的编研工作属于学术范畴，因此，在这个过程中工作人员必须遵从其中的学术性，以基本史实为依据整理出一套学术脉络；在编研工作进行的过程中，一定要注意不能将内容做成"流水账"一般的材料堆积，要能够从材料中归纳总结出学校独有的人文精神和学术精神，这是一所高职院校的安身立命之本，是高职院校的灵魂，因此，一个学校的校史还应该是一本具有人文气息的校史。这一点的实现需要依靠学养和功力都十分深厚的研究人员来实现，可以说学术与人文在校史读本的编研工作中缺一不可。

二、设置校史教育课程

校史选修课程可以说是师生们关注度最高的校史文化载体，主要原因还是目前高职院校的校史馆规模相较于课堂来说太小了。现在各个高职院校已经在进行校史选修课程的研究和探索了，将校史作为一门课程实际上是对校史教育功能的深度挖掘。尤其是对于没有太多文化底蕴的新校区来说，校史课程能够很好地帮助师生了解学校历史与文化，尽快实现爱校知校教育。

在建设校史教育课堂时，高职院校要以专门的校史教材为基础，设置科学合理的教育课程，让学生们能够在学习校史知识时体验校史文化，对学校的发展过程有较为全面的了解，并且能够在校史教育课堂中归纳总结出自己的经验教训，并运用到今后的生活学习当中。学生们在学校设置的全面、深入且有序的课堂教学中所学到的知识，能够使他们有能力参与到未来学校的规划、发展和建设中，为学校的重大决策助力。在已经进行了校史教育课程设置探索的学校中，基本都将这门课程放在了选修课的位置上，暂时没有学校将其设置为必修课。其实无论从价值意义还是学校建设发展角度来看，将校史教育设置为学校必修课都不会是一个错误的决定，这对人才培养和素质教育都有积极意义。因此，高职院校不要太过于目光短浅，要大胆尝试将校史教育放置到必修课的行列。正如有学者所论："校史教育应是新生入学前的必修课、是育人工作的起点。"[1] 师生在学校生活和工作的时间里，学校传达给他们的精神力量和榜样精神会对他们的一生产生影响。如今的互联网世界，出现这样的浪潮看似是一个不可思议的结果，但是在经过认真思考和分析后不难发现，校史建设和互联网的舆论宣传有着很大不同，互联网是一个更新频率极高且变换难测的平台，而校史文化建设则是一项耗时且严谨的工作，因此，纸质书本的竞争力与网络相比并不占优势。当学校建立的校史文化网站，没有足够的点击率和功能设置时，网站上的内容就变成了一页电子书，这和课堂上老师生动灵活的讲解和热闹有趣的谈论氛围是无法比拟的。在这种情况下，与其建设网站不如开设一堂有趣的线下课程。

---

[1] 张世善.学校文化自觉与课程教学改革 [M].北京：人民教育出版社，2012.

第五章　高职院校校史文化育人价值及路径研究

本章主要介绍高职院校校史文化育人价值及路径研究，主要从三个方面进行阐述，分别是高职院校校史文化育人现状、高职院校校史文化育人功能、高职院校校史文化育人功能的实现路径。

第一节　高职院校校史文化育人现状

目前，国内一些高职院校已经在整理和编研学校历史的基础上，在学校历史文化建设以及历史文化育人等方面工作上初步形成了自己的特色，并且积累了很多宝贵经验。

一、高职院校校史文化育人的成效

（一）开展实践活动，育人渠道多样

对于一所学校而言，有意义的校史从来都不是时间的自然延展，也不是事件的简单叠加，高职院校需要做的是对校史文化进行教育学视野下的深度研究，进而在历史中寻找组织的文化基因，承继组织的精神血脉。基于这样的理念，国内高职院校集思广益，支持和鼓励通过各式各样的渠道和方法展现校史文化，激发育人价值。各类以学生为中心开展的校史文化活动层出不穷，精彩纷呈。

（二）编研校史资料，育人资源丰富

1. 整理育人资料

从学术研究角度来看，编研校史文化资料能够为校史文化育人提供理论支撑。高职院校要想充分发挥校史文化育人的积极作用，首先要把校史文化资料的收集、整理和编研放在优先发展的位置上。

2. 传播育人资源

编研校史文化育人资料不仅仅是为了储藏，更多是为了传播和发展。目前高职院校一般通过开设各类校史文化选修课、新生第一课和相关讲座传播育人资源，发挥育人价值。

（三）完善基础设施，育人理念深化

1. 校史馆建设

建设校史馆的意义主要在于收藏、记录和展览高职院校历史和开展教育活动。从这个角度讲，这是宣传校史文化、教育广大学子的重要窗口。因此，越来越多高职院校开始提升育人理念，投入人力、物力和财力，运用先进技术完善校史馆。

2. 历史文化建筑建设

高职院校的历史文化建筑是学校宝贵的文化遗产，其中还有一些建筑展现了高职院校的办学理念和办学目的。这些蕴含深厚历史渊源的校园建筑又反过来传播着高职院校独特的精神价值和使命担当，无形中熏陶和感染着在校师生。这一理念和行动使得这些具有过硬的历史沉淀和人文内涵的学校建筑设施能够把历史"存储"到现在，长久地展现着高职院校的文化和精神，无形间浸润着学校师生的思想意志和价值追求。

二、高职院校校史文化育人存在的问题

通过对目前国内高职院校校史文化育人实践进行研究，可以发现越来越多高职院校积极投入到对高职院校校史文化的开发利用工作中，并且取得了明显成效。然而，校史育人工作中也存在一些问题影响其功效发挥。

（一）重活动形式，缺内涵支撑

每一所高职院校都有独特且具有唯一性的历史轨迹和人文脉络，这是任何其他学校无法模仿的。但是目前我国高职院校发展确实存在同质化现象，高职院校校史文化虽不同，育人活动也看上去形式多样，似乎卓有成效，但是却缺乏实质性的内容，缺乏长远的发展活力，不能充分彰显育人价值。这主要体现在以下几个方面。

1. 校史馆和档案馆育人缺新意

高职院校校史馆和档案馆的建设本身处于起步和摸索阶段，育人内容基本以文字复制粘贴的形式呈现，多是把学校发展历史直接复制到馆内展板或者网上校史馆，缺乏创新。目前也有高职院校的校史馆采用与时俱进的方式呈现独一无二的内容，但是，很多建校时间较短或者资金投入不足的高职院校校史馆建设和管理不完善，开放时间也仅限于新生入学和领导来访时，缺乏深层次的内涵挖掘，影响校史文化育人效果。

2. 校史景观和文物育人少挖掘

许多高职院校虽然建设了校史人物的雕像，修缮了具有历史底蕴的学校建筑，但是缺乏对景观背后文化内涵的深入挖掘和广泛传播，师生不知道这些建筑和雕塑背后的历史故事和人文精神，他们看得见这些物质实体，却感受不到这些物质环境背后蕴含的校史文化价值，最后，这些文化设施只能沦落为用于毕业拍照留念的地标。

3. 校史育人活动组织重娱乐

高职院校的校史文化通过各种学术讲座、知识竞赛、文体表演等方式呈现，虽然形式多样，但是有的缺少校史精神文化内涵的支撑，只是在活动名称或者组织形式上表现出历史文化育人的主题，比如有的学校校庆活动打着追忆学校历史的幌子开展娱乐性活动，落实到个人就只是重在参与、重在玩乐。这些蜻蜓点水又参差不齐的活动违背了以校史文化精神影响师生思想和行为的初心。

（二）重节点育人，缺日常教育

时间节点主要指的是在某个大环境中的一个点或者一个段，它可以代表工程的某个阶段或者某个里程碑的点，通过对现实目标整个过程的设计、控制和调控等，使长期目标建立在众多的短期目标的实现上并以合适的结合方式对长期目标的实现起作用。如果把校史文化育人工作看作一项工程，抓住每一个时间节点推进校史教育工作，就能够在循序渐进中达到育人效果。我国高职院校借助校史时间节点开展的教育工作主要有：校庆活动教育、新生入学校史校情教育、重大校史事件教育等。这些在重要时间节点开展的教育工作往往能够因时而进，收到良好成效。

但是换个角度思考，这种在特殊时间节点针对特殊情况或者特殊事件开展的教育活动往往存在应急性和临时性。多数高职院校以五年、十年的时间节点举办校庆活动，树立学校形象，引导学生了解学校历史文化传统，这值得肯定。但是在短期的校史育人活动过后，真实的情况往往是一切照旧，学生并未留下多少真情实感或者教育效果并非持久有效，更别提有的学校校庆活动出现"变质"色彩。

缺乏长期效应的特征还体现在新生的校史校情教育当中。高职院校的新生入学校史校情教育的成效直接关乎他们能否适应新的学习环境，能否在未来的学校生活中自觉以主人翁意识传承学校校史文化，践行学校学人文精神。新生在参与入学教育时同时面临很多如人际交往、环境适应的问题，再加上学校校史校情教育活动形式大于内容，这就会使得新生把校史校情教育简单看作传授学校校史知识的课堂，这样短暂又形式化的育人活动难以使新生感受到学校的精神特质，育人效果就会大打折扣。

所以，以时间节点开展教育活动传播校史文化固然重要，但是也不可作为唯一渠道。作为代表高职院校办学理念和价值观念的校史文化，不能仅仅依靠时间节点育人，日常教育也必不可少。

（三）效果不明显，缺评价反馈

高职院校校史文化的育人效果如何是评判高职院校推行的校史文化育人工作是否有施行价值的重要依据，具体而言就是看高职院校校史文化的育人目标是否达成，受教育者是否受到学校历史文化的感染，个人的思维和能力是否有所提升。但是目前的许多高职院校校史文化育人实践虽然声势浩大，结束后却很少倾听学生群体的反馈和评价建议，不能及时总结育人成果。

首先，这种育人效果的不明显体现在书面化的育人效果上。很多标榜校史文化育人理念的高职院校校园活动只是为了形式，最后用考试测验和量化分数的方式衡量校史文化的育人成果。但是受教育者了解校史知识并不代表他们受到了熏陶和教化，也不代表他们自愿认同并自觉践行校史文化蕴含的价值和理念。

其次，这种育人效果的不明显还体现在育人工作尚未覆盖全体。不论任何形式的校史活动乃至校庆活动和选修教育课堂，都不能全面覆盖受教育群体，这就导致高职院校校史文化育人的价值大部分作用于在场主体，育人效果发挥受场域限制。这就催化了高职院校校史人文景观的成熟，它们也能够发挥育人作用，为全体学生营造校史文化教育氛围，因为它们能够全面覆盖受教育主体。但是目前还有很多高职院校尚未意识到这一点。

最后，高职院校校史育人实践缺乏关于育人工作和育人效果的全面系统的评价反馈。实践是认识的来源，认识对实践具有能动的反作用，只有全面系统的评价反馈才能推动高职院校校史文化育人工作积极开展。目前，部分高职院校在校史文化育人的评价反馈中偶有评价标准迷失现象，比如将评价落脚于校史活动本身的现象等。

三、高职院校校史文化育人问题的成因

（一）高职院校校史文化育人的内涵建设不充分

不同层次和类型的学校，有着独属于自身的地域状况与成长轨迹，促进了历史文化内容的丰富性、独特性的凝练与产生。在当前我国经济社会发展中，高职院校是一个重要的群体，校园文化氛围对学生发展有着巨大、深远的影响，因此加强校史文化教育意义重大。然而，受多元文化的冲击、传统教育的功利性等多方面因素的影响，目前高职院校在挖掘校史文化教育内涵方面尚未达到足够深入的程度。许多高等职业院校在推广校史文化时，过于偏重于知识层面，严重忽视了情感和人物的重要性，导致育人工作的重心过低。

一是对于高职院校的校史，没有更深入地挖掘和凝练其中蕴含的精神、文化和育人元素，对校园历史文化建设重视程度不足。许多高职院校由于成立时间较短，缺乏历史积淀，无法从文化层面深入挖掘和总结自身的历史特色，此外还

有部分高职院校存在形式化和雷同化的现象，导致学校精神、校风校训等多个方面非常相似，缺乏一定的吸引力，这些都是校史文化育人元素挖掘不到位造成的。

二是高职院校校史的物质文化教育缺乏引导性和互动性，影响师生之间的信息交流，互动不足，同时在校园建设过程中对物质文化的关注不够。提及学校历史文化的物质层面，只有偶尔向外界敞开大门的校史馆，才有一定的可能性引起师生们的浓厚兴趣。其实在许多时候，校史馆只是一个展示平台，是作为一种宣传工具存在的。校史馆除了具有收藏和展览校史文物的功能和作用之外，还是教师、学生和校史文物互动中所蕴含的校史文化精神力量的体现。高职院校的校史文化不仅体现在物质文化层面，还体现在学校硬件设施方面，即便已经对物质文化育人进行了综合性的思考，然而由于历史人文氛围过于浓厚，校园建筑过于注重实用性的需求，它往往严重忽视了学校特色和文化内涵，因此需要在育人过程中给予科学、合理的引导。在精神方面的校史文化育人则主要表现为教师的人格魅力和学生对校园文化的认同感，这也是高校育人目标所要求的。

三是高职院校校史文化育人体系的制度建设尚未完善，仍需进一步加强。制度是规范行为和约束思想的重要手段，学校办学历程中，制度作为一道防线和保障，体现了学校对于价值追求和教育理念的不断探索和实践。因此，如何在制度层面上对校史文化进行传承、弘扬与创新成为当前亟待解决的问题之一。实际上，许多高等职业院校尚未建立起一套合理的校史制度文化，其制度制定和执行都需要进一步完善和加强。

（二）高职院校校史文化育人的体制机制不成熟

一是领导制度。迄今为止，教育部尚未发布任何主题是校史文化育人的权威性和指导性的文件。高职院校校史文化建设和校史文化育人工作的宏观要求和具体指导，未能得到教育部和地方教育主管行政部门的充分关注和认可，各地各部门也没有将校史文化建设作为一项重点工程来抓。一些高等职业院校虽然成立了专门研究学校历史文化的团队，设立了校史文化研究会或学术委员会，但是有相当一部分高职院校在校史文化育人方面存在着缺乏有效治理或政府干预的情况。即使一些高职院校把校史文化作为校园文化来抓，也存在着严重忽视校史文化育人功能的问题。校史馆、档案馆等多个部门均致力于此项工作，但却未能形成上下一体的育人合力，缺乏有效的组织领导和顶层设计。

二是工作运行。高职院校在工作运行层面需要考虑和决策校史文化育人工作的开展方式、开展动机、执行者以及教育目标等基本问题，这些问题涉及多个部门的多方面工作，需要制订一套精细规范的协同操作体系。实际上，当前学校党政部门和二级学院仍然是校史文化宣传和教育的主要场所，但是它缺乏一个完善的协同操作体系。因此，高职院校要想真正实现"立德树人"的根本任务，还必须加强对学生思想政治教育和校园文化建设方面的投入力度。很多地方性高职院校的校史文化教育，在专项资金方面比较缺乏或资金投入不足，这导致育人效果大打折扣，难以持续推进工作。

三是监管反馈。高职院校在监督反馈方面仍处于自主探索的阶段。校史文化的育人工作是一个逐步演化的过程，从最初的"化人"到如今的"人化"，这一过程不可避免地涉及长期复杂的建构和演化阶段，从而增加了监督管理和工作后评价反馈的难度。同时，由于历史原因，我国高职院校普遍存在着对学校历史文化教育重视程度不够，缺乏有效监督机制等问题。若监管不及时，则育人工作难以得到有效实施，教育效果反馈不及时，育人工作也将难以得到改善。除此之外，校史文化育人也离不开外部资源的支持，但是这些资源却又无法满足学校自身建设和学生成长成才的需求，从而影响着其实效性的发挥。因此，确保有效的监管和反馈机制是必要的，有助于保障其正常运行。

（三）高职院校校史文化育人的教学体系不健全

作为第一课堂的有益补充，第二课堂不仅巩固和深化了第一课堂传输知识的理念，同时也为其提供了必要的支持和补充。有些高等职业院校的校史文化教育主要以第二课堂为主，虽然这种方式可以传播和实践校史文化的人文精神，同时也可以实现校史文化育人的良好短期效果，但受教育者在全面系统学习校史知识方面严重不足，缺乏校史精神文化的渗透和陶冶，吸收的价值理念通常是零散不完整的，教育效果既缺少持续性，同时长期性也比较缺乏。第二课堂与学校其他课程相结合时，由于没有将其有机结合起来进行整体设计，各方面功能无法得到充分实现。此外，在第二课堂的各项活动中，偶尔会出现缺乏统一规划和主题模糊的情况，可能会在具体执行过程中出现娱乐化倾向，严重偏离实际的教育目标，学生参与的主动性和积极性不高，活动形式主义十分严重，从而影响育人效果，事倍功半，难以达到理想状态。

国内的高职院校虽然普遍开设了校史选修课程，但在设定课程目标、选择和应用校史教材等方面，仍需进一步完善和科学规划。在实际开展过程中，由于受各种因素影响，部分高职院校的校史文化建设并没有取得预期效果。所以，高职院校的校史文化活动目标存在诸多不合理的现象和问题，如校史文化教师和教学团队没有形成较好的合力、校史文化和思政教育两者之间没有形成紧密的联系等。当前，高职院校对校史文化资源的开发利用程度较低，要充分挖掘高职院校校史文化的教育价值，必须建立完善的教学体系，通过独具特色的教育课堂，激发学生的知识学习和实践探索。

第二节　高职院校校史文化育人功能

一、高职院校校史文化育人功能的理论基础

（一）根本指导：马克思主义的文化育人理论

基于文化素质教育的理念，文化育人的概念在不断完善和发展中逐渐形成。马克思与恩格斯的相关著作并未对文化育人的概念进行直接明确的阐述，但其中有不少类似的观点，如文化是人的本质存在等，这些观点为文化育人提供了理论基础。从哲学层面上看，文化就是人的精神活动及其产物的总和。自人类诞生之初，便逐渐孕育出"文化"的概念，其中物质资源的生产则是文化产生和存在的最基本前提。因此，文化就是人们创造出来的精神财富和物质财富。马克思指出："在再生产的行为本身中，不但客观条件改变着，而且生产者也改变着，提炼出新的品质，通过生产而发展和改造着自身，造成新的交往方式、新的需要和新的语言。"[①] 由此可见，文化作为一种历史现象和现实形态，产生和变化同样离不开物质生产的影响和推动，因而文化也具有客观性。马克思以历史唯物主义的视角，

---

① 　马克思，恩格斯.马克思恩格斯全集（第 46 卷）[M].中共中央马克思恩格斯列宁斯大林著作编译局，译.北京：人民出版社，1979.

把文化的生成定位于人类物质资料生产方式的生成与发展，这也是与其他文化理论的核心区别。马克思认为，人在本质上是一切关系的总和，①文化是社会实践和社会关系的综合体。因此，在人类创造文化的过程中，文化也发挥着塑造人的功能和作用，从而最终形成了以文化为基础的育人理念。

马克思有关文化育人的理论伴随着时代的演进而进步，在社会主义革命和实践中持续深化和拓展。在延安的文艺座谈会上提出的文化育人的理念，创造性地探讨了文艺与人民、政治、生活等问题，从而促进了党领导文艺事业的蓬勃向上发展。一部文艺作品所蕴含的价值观，需要通过民众广泛的传播，将其内化于内心深处，进而成功转化为某种政治物质力量。社会主义文艺曾被比喻为一种精神食粮，因此它需要有坚实的骨架和温度来触及人们的灵魂深处，对文化的潜移默化和深远持久优势进行充分利用，不仅可以给人带来精神力量，还可以给人较深的启迪，从而最终培养出高尚的情感和情怀。

中国特色社会主义文化是国家发展与民族进程的重要组成部分，它与国家发展和民族进程相互促进、相互影响。改革开放后我国社会经济快速发展，综合国力显著增强，人民生活水平不断提高，尤其是进入新时代以来，习近平总书记对中国特色社会主义文化建设提出了一系列的科学规划与合理部署，推动了中国特色社会主义文化的全面发展。无论是中国特色社会主义文化的历史渊源，还是其发展规律，均在十九大报告中得到了深刻全面的探究和把握。深刻领悟中国特色社会主义文化的传承、人民的需求和实践的价值，是我们对其深刻理解的必要前提。中华卓越的传统文化蕴含着十分强大的凝聚力与生命力，习近平总书记在一系列论述中，多次强调其卓越的优势、精神的源泉和源源不断的活力，这彰显了其在文化传承和发展中的重要地位和作用。中国特色社会主义文化，从某种意义上来说是一种为人民群众服务的文化，价值取向在于不断提升人们的科学文化水平和思想道德素质，以促进人的全方位健康发展，并为人民服务。中国特色社会主义文化以马克思主义为指导，孕育了时代精神，创造了中国历史的发展奇迹，对文化的实践起到了决定性的作用。学校要充分发挥文化的教育功能、凝聚功能和导向功能，以传统文化为基石，孕育文化人，以文化为媒介，承担培育新一代、

---

① 马克思，恩格斯．马克思恩格斯全集（第46卷）[M].中共中央马克思恩格斯列宁斯大林著作编译局，译．北京：人民出版社，1979.

振兴文化的重要职责和使命。随着历史进程的推进和时代新起点的到来，一系列论述为文化育人作用的更好发挥指明了正确的前进方向。

（二）历史渊源：中国古代的以文化人思想

"以文化人，化民成俗。"[①] 在中国古代历史的长河中，文化的滋润和以德化人的重要性不言而喻，因为只有通过以文化人，才能使人民的生活方式符合社会规范。儒家提出"仁、义、礼、智、信"等德育思想，形成了系统完备的教育体系。《毛诗序》曰："风以动之，教以化之。"[②] 道德教化作为一种教育方式，对培养学生高尚的人格有着重要意义。在早期，道德教化的理论被推广到了文艺领域与审美领域，同时这也是文化育人的根源。从孔子所倡导的道德教育到先秦时期的伦理美学，都以文艺教育的功能为主线进行了有效的拓展和延伸，并且也为"化民成俗"和"以文化人"的文化传统奠定了坚实的基础。

孔子曾寄望于恢复人文教化的社会秩序，他认为"以文化天下，礼乐教化才能够教化人心、发乎人情"[③]。在此基础上，孔子强调以德为先，通过德治方式孕育文化，先秦儒家认为文化和道德两者之间存在一定的联系，即相互关联、相互渗透。艺术作为一种精神产品，具有一定的社会功能，不仅可以陶冶人们情操，还能促进伦理道德建设，因此艺术在整个人类生活中起着不可替代的作用。站在本体论的层面来看，道德之善是艺术之美不可或缺的重要组成部分。以"乐"连结艺术与伦理，将艺术放置于"天—地—人"中观察，艺术就其本质而言即是"和"，"故乐者天下之大齐也，中和之纪也"。以"和""乐"为审美准则，象征着和谐精神，借助艺术的升华，使其达到大美与至善的高度，从而最终实现天人合一的完美境界。从认识论角度看，艺术的本质就是对真、善的追求。就心性论而言，先秦儒家把"乐"的起源定位于"性"与"心"，最终演化为"情"，这是一种内在的情感状态，在这种思想影响下，先秦儒道两家对于音乐均有较为深入的研究，但他们对"乐"本身却缺乏系统、深刻的认识，并由此导致了二者间存在较大差异。在他们的观念中，音乐仅是情感的一种表达方式和载体，情感则是

---

① 孔海钦.二十一世纪是中华文化思想的世纪 [J].特区实践与理论，2017（02）：41-44.

② 郭丽.论古乐府的经典化过程 [J].浙江大学学报（人文社会科学版），2021，51（04）：199-212.

③ 贺卫东.先秦儒家《诗》教美育思想研究 [D].西安：陕西师范大学，2013.

音乐内在的重要本质，艺术的最大价值在于通过"以情化人"和"以情感人"的方式，实现教化的目的，从而达到"入人也深，化人也速"的良好效果。

（三）有益借鉴：西方的文化育德理论

早期西方思想家虽然并没有以非常直接的方式将"文化育人"的概念提出来，但对文化与道德关系进行了深入的论述和探讨，为探究该理念提供了有益的启示。以亚里士多德所提出的"净化说"为例，他阐述了文艺的显著特征在于"情感性"，并通过"以情感人"的方式，将文艺的教化功能充分发挥出来。"非理性情感"在"理性情感"的基础之上，文艺充当着人的自然情感向道德情感转化的载体这一角色，这不难看出文艺与德育之契合也绝非偶然。[①] 在此理论框架下，文艺被赋予了道德功能，并成为一种特殊的意识形态力量。在借鉴"文艺思想"和"净化论"后，贺拉斯提出了一种"寓教于乐"的观点，即在娱乐的过程当中接受教育，他坚持同等看待教育和娱乐。在贺拉斯看来，诗歌对人们具有一定的启迪作用，能引起人们的共鸣。[②]

二、高职院校校史文化育人功能的实现条件

（一）与时俱进的学校精神建设

通过对多所高等职业院校校史的研究和探索，可以发现在漫长的发展过程中，高职院校铸就了一种独特的教育理念和精神，作为高职院校校园文化的重要组成部分，高职院校精神具有独特性、稳定性、继承性和发展性等特点。高职院校精神的形成是一个渐进的长期过程，历经不断地整合、提炼，它通过自身独有的存在方式，将办学的理念、思想等充分展现出来的同时，也集中展示了高职院校的教学教风、人文精神等多个方面。高职院校的精神体现着一种对未来的展望、期望和憧憬，具有很强的时代意义与社会功能。

高职院校精神经过不断的积累和发展，可以说一方面是学校持续发展的重要精神支柱，尤其是形成的价值准则与理论信念，逐渐成为全体成员努力追求的精神追求，另一方面也是维护高职院校形象、风格以及特色的不可或缺元素。目前，

---

① 东莉. 德育人文关怀论 [M]. 北京：中国社会科学出版社，2005.
② 黄龙龙. 高校校史文化育人功能及其实现路径研究 [D]. 南昌：江西师范大学，2022.

我国高校校史文化教育还存在着"重文字轻图片"的现象，缺乏直观有效的教育方式。高职院校校史文化的精髓凝聚了学校的灵魂，激发了高职院校向更加美好的未来迈进的内在动力。

高职院校的发展需要建设学校精神，同时社会的进步和发展也需要这种精神。学校精神的形成与演变过程，体现了一定历史阶段内教育理念和办学模式等因素对其产生的影响。时代在发展，科技在进步，学校的精神内核也将随着自身使命的演变愈加丰富多彩，当前我国高等职业教育正处在改革与创新之中，办学模式、管理方法以及人才培养目标等方面均发生了深刻变革，这就要求学校必须要树立起自己的特色。学校精神的本质属性在于与时俱进，这种精神在不同的历史时期都扮演着培养人才的重要角色，学校精神的内涵与外延随时代变迁发生变化，但其基本内核不会改变。当前，我国正处于全面深化改革阶段，国家对高等职业教育提出了新要求和新思路。学校精神的核心理念在于以育人为中心，这是一种相对抽象的存在。学校应当具备融合世界文化与人类智慧的精神，既要有融入世界的精神，又要具备超越尘世的精神。学校入世精神包括批判精神和与时俱进的变革精神；出世精神包括人文关怀精神、理想主义精神和超越精神。[①] 在社会主义市场经济条件下，高等职业教育应以创新为灵魂，不断追求先进文化。学校精神的先进性和创造性得以确保，源于其同时具备融入世界和超越世俗的精神。目前，高职院校校史文化虽然为学校精神的变革和创新提供了经验，但所获得的认知通常存在一定的片面性。学校精神的创新需要根植于时代土壤，而不是仅仅停留在表层。为了使学校精神的先进性得到确切的保障，必须以历史经验为基础，通过持续的教育实践，不断汲取新的营养，以便于为学校精神注入全新的内涵与活力。高职院校校史是一种宝贵的精神财富，它可以传承优秀的传统文化，也可彰显时代风采。在学校精神的演变过程中，它汲取了民族和时代的精髓、精神，将自身和时代精神、民族精神，巧妙地有机结合在一起，相互辉映，以现实为基础，共同焕发和激发出校园的新活力、新动力，无论是对价值的追求，还是进一步凝聚高职院校师生的精神力量，均具有重要的意义和作用。

（二）完善可行的物质保障机制

高职院校的物质保障机制是实现校史文化育人的不可或缺的组成部分。高职

---

① 　张应强 . 现代大学精神的批判与重建 [J]. 高等教育研究，2006（7）：25.

院校的校史文化物质保障体系建设包括制度体系与物质基础两部分。高职院校的繁荣发展离不开相关部门提供的物资与资金支持，这些支持构成了高职院校物质保障的基础，也是实现校史文化繁荣发展的关键所在。因此，在构建高职院校校史校园文化建设时，应该注重对高职院校校史文化物质保障机制的优化和完善。高等职业院校校史的文化物质保障机制，是建立在物质条件支持和顶层设计两个方面的有机结合之上。

一是物质条件的强有力支持。通常情况下，高职院校会设立专项经费为未来的人才培养提供后备力量。高职院校校史文化育人专项资金具有多元化的用途，涵盖了多种校史读本的出版、校史文化资源的整合等多个方面，唯有对专项资金进行充分的运用，才可以有效确保高职院校校史文化育人一系列工作的顺利开展。在此背景下，加强对校史文化育人资金的有效利用，是提高高职院校校园文化品位和水平的关键。部分高职院校的校史文化建设缺乏有机联系和专门的部门指导，导致运行机制难以实现高效化，这是一个亟待解决的问题，另外，还应注重发挥社会力量的作用，利用新媒体技术加大校园文化建设的宣传力度，这也是一个重要问题。为确保高职院校校史文化育人工作高效、持续地顺利展开，必须建立完善的组织调控机制，将档案馆、宣传部等部门的力量和作用淋漓尽致地发挥出来，从而组建一支高素质的校史文化建设人才队伍。只有在完善高职院校校史文化育人功能物质保障机制的情况下，才可以持续推动和促进校史文化建设的发展进程。

二是顶层的全面规划。想要使高职院校校史文化育人工作的地位得到较大幅度的提升，必须树立科学的全局发展观念，从高职院校发展的角度和战略层面进行系统全面的合理策划，以使其地位得到快速提升，这也是校史文化育人功能物质保障机制建设的重要前提和基础保障。高职院校要在制度保障上加强落实，为充分发挥高职院校校史文化教育作用提供组织保证，充分发挥高职院校校史文化的激励凝聚、引领示范等多重功能和作用，从而塑造校园文化的良好面貌，培养和构建学生内心的强大力量。由此可见，唯有深刻领悟高职院校校史所蕴含的文化育人价值，并结合顶层设计规划，才可以在高职院校思想政治教育工作的过程中，将其有机地融入其中，从而使思想政治教育工作深入人心，同时高职院校的教师和学生才能在校史文化的熏陶下树立正确的人生观、价值观和世界观。

（三）合理有效的资源整合方式

要实现高职院校校史文化的育人目标，必须充分挖掘和整合校史中蕴含的丰富文化资源。通过查阅文献、实地考察以及与学生访谈等方式，高职院校可以收集到大量的关于高职院校校史文化教育的资料。高职院校校史文化育人资源的珍贵组成部分涵盖了多种形式的史料，包括校史纪念馆、校史纪念品等实物文化资源，高职院校办学历史沿革的翔实记录等。这些校史文化育人材料不仅具有教育作用，还能起到陶冶学生情操、增强爱国主义意识、培养团队协作能力以及促进校园文化建设等方面的积极影响。高职院校校史文化资源的整合与利用，旨在将零散而丰富的校史文化资源整合成一个有机的整体，并通过多种形式的展示平台，更加直观地将高职院校的历史发展脉络有条理性地呈现出来，从而实现校史文化育人功能事半功倍的良好效果。因此，高职院校校史文化资源的整合，实际上是对校史文化资料的深入挖掘和研究，能够从优秀校友光辉事迹、建校历程和成就现存史料等多个方面展开。

梳理高职院校校史文化内容体系可从收集现存史料这一角度入手。档案馆不仅记录了高职院校的发展历程，还将高职院校的荣辱兴衰完整地记录下来，被誉为"记忆的宫殿"，为校史的整理提供了珍贵的历史资料。高职院校档案承载着历史传承和教育功能，为学校提供了宝贵的信息资源。在高职院校的档案馆中，工作人员能够获取与校史发展相关的理论依据，随着时间的推移，校史档案馆逐渐演变为一种重要的文化载体和媒介。因此，如何做好档案管理工作成为当下研究的重点之一。高职院校的档案记录了其成长历程，是人们了解该校的重要途径之一，所以做好高职院校档案馆中有关校史文献资料的搜集工作尤为重要。对于档案馆中的相关档案，工作人员首先需要通过一系列的整理和编目工作，以删繁就简、突出重点的方式，选择具有史料价值的档案，并且对学校建设做出杰出贡献的伟人事迹进行集中收集，随后保存与管理；其次，工作人员要致力于深入研究和精心编写口述校史资料，借助相关文章报道、访谈记录等多种手段，为校史档案资料的丰富与发展提供有力支撑；再次，他们要从社会角度去挖掘与开发校史档案资源，利用各种途径搜集社会上所需信息以满足广大人民群众日益增长的精神需求；最后，深层次研究和分析各类校史档案后，各校史研究人员要采用"横向校史"撰写方式，对原有档案进行真伪辨别和归纳提炼，最终编撰成校史读本，这是整合校史文化资源的重要着力点。

在高职院校的发展历程中必定有杰出人物和校友的积极参与和推动，他们为校史文化的育人贡献了珍贵的财富。对这些校友故事的挖掘与整理，可以使师生了解他们所经历过的历史事件以及取得的成绩，进而树立正确的人生观和价值观。校友作为一股源源不断的力量，是学校精神的一种体现方式，讲述校友的故事，挖掘和利用校友文化资源，可以拓展校史文化的育人途径，提升校园文化的品位，为学生的成长和成才提供坚实的保障。高职院校可以在校庆和校友聚会这两个重要的时间节点，积极收集校友文化资源，进行深入的校友个人访谈，以期寻找他们真实的校史回忆录；还可以借助媒体平台宣传，使更多的人认识到他们身上所蕴藏着的历史价值与时代意义，从而更好地将校友文化融入校园建设之中，促进校园文化传承与创新。同时，高职院校要进一步加强对第一手校友文化资料的汇编，采用多种形式，如影像、报刊等，完整地记录学校活动的日常进程，并且有序收集和汇编成册，以实现二次利用的目的。

三、高职院校校史文化育人功能的价值体现

（一）培育高度文化自觉

当前，世界正处于一个前所未有的巨变时期，各国之间的文化交流和合作也变得日益频繁，文化的命运与国家的命运紧密相连，文化的脉络与国家的脉络也有着密不可分的关联，随着中华民族伟大复兴的实现越来越接近，文化的力量变得日益重要，全面实现从文化大国向文化强国的转变同样也非常迫切。我们站在两个一百年的奋斗目标历史交汇点上，要繁荣发展文化事业和文化产业，提高国家文化软实力，到 2035 年建成文化强国。[①] 可见文化软实力已经成为当今时代最为重要的一个议题。文化软实力融合了价值观、文化等力量，更是一个国家综合实力的核心内容，想要让我国的文化软实力得到全面的有效提升和发展，除了需要借助文化自信和文化自强之外，还应该依靠文化自觉，三者之间相辅相成，其中文化自信是建立文化自觉过程当中建立的，文化自觉是文化自信的重要基础与

---

① 邵萍，张辉．北京居民文化消费分析 [J]．中国传媒大学学报（自然科学版），2020, 27（06）：36-39.

前提，文化自信的最终目标是文化自强。文化自觉和文化自信是一个民族进步发展的精神动力，同时也是推动社会和谐稳定的重要保证。唯有树立高度的文化自信和文化自觉，方能在世界民族的舞台上站稳脚跟，实现成为文化强国的宏伟目标。校史文化作为历史积淀形成的一种精神资源，对培养大学生的民族自豪感、自信心以及促进其全面发展具有重要作用。高职院校的学校文化软实力核心在于其校史文化，因此高职院校需要借助校史文化，让文化软实力得到有效提升，培养学生的文化自觉，以产生长期深远的有益影响。

　　自觉是"人类在自然进化中通过内外矛盾关系发展而来的基本属性和基本人格"[①]。"所谓文化自觉，是指生活在一定文化历史圈子的人对其文化有自知之明，并对其发展历程和未来有充分的认识。换言之，是文化的自我觉醒，自我反省，自我创建。"[②]文化自觉作为一种社会现象、社会心理和社会意识，并非单纯的西化或回归，而是具备自我转型的相关能力。文化自觉具有深厚的历史渊源和现实基础，还蕴含着丰富深刻的理论价值和现实意义。文化自觉的内涵可以从三个角度来阐释：一是对文化传统的自觉维护和传承；二是批判性地继承和创新传统文化；三是汲取并容纳多元文化的精髓，以达到兼收并蓄的境界。校史文化作为一种历史文化遗产，具有传承性、开放性等特征。高职院校是培养人才的主要场所，高职院校的历史文化通常是学校的代表和名片。历史上我国有不少优秀的校史文化资源，这些宝贵的精神财富为今天培育社会主义核心价值观提供了重要借鉴。也正是因为如此，高职院校应当从文化自觉的角度出发，将校史文化的育人功能充分发挥出来，以促进和推动学生对校史文化的自主选择和创新传播。为了提升高职院校校史的文化内涵，高职院校可以从以下三个方面入手，培养学生的高度文化自觉。

　　一是提高在校史文化育人方面的认知水平。高职院校的文脉传承是校史，具有十分鲜明的时代特征与内涵，发展同样离不开对校史文化的创新与传承。校史文化作为一种隐性教育资源，具有独特深刻的教育功能，可以帮助学生认识历史事件发生的过程及其原因，从而激发爱国主义情怀和民族自豪感。在高等职业院

---

①　房广顺，李东.论文化自觉的认知与塑造 [J].人民论坛，2012（05）：124-127.

②　费孝通.反思·对话·文化自觉 [J].北京大学学报（哲学社会科学版），1997（03）：15-22+158.

校的校史中，我们可以追溯和发现中华优秀传统文化的渊源和影子，无论是蕴含的价值观，还是所独有的精神内涵，均是文化育人的重要途径和手段，是法宝一般的存在。随着全球化趋势的不断加深，世界上的各个国家在其影响之下相互之间的联系变得日益紧密，文化间的相互碰撞也变得更加激烈。我国经济建设进入新常态，社会结构深刻调整，各种矛盾交织叠加，文化多元化趋势明显，多元价值相互激荡。在这个广阔的时代背景下，怎么样全面实现文化的成功转型，妥善处理传统文化与东西方文化、现代文化之间的相互关系，是当前迫切需要解决的时代问题。当前，我国正处在经济转轨期、社会转型期，各种价值观念相互激荡，这个错综复杂的环境对于文化的繁荣和发展而言是一种机遇和挑战，因此树立高度的文化自觉显得尤为重要。这种自觉不仅是对高职院校的了解，更是从整体框架上对其有一个全面、系统的认识。校史文化作为一种独特丰富的历史文化形态，它所承载着的教育功能、社会功能、经济功能等都值得我们去思考研究，也只有通过深入挖掘校史文化的发展脉络，善用其中的珍贵育人资源，营造出有利于校史文化育人的良好环境和氛围，高职院校才可以准确把握文化发展的大趋势，从而在错综复杂的文化环境中脱颖而出。高职院校要注重校史文化建设过程中的细节处理，将历史经验转化为现实生产力，实现校园文化育人功能最大化。从本校校史文化自觉的角度出发，对比和分析国内校史、国外校史文化育人的典型案例，学习、参考和借鉴国内校史、国外校史文化育人的成功经验，同样具有一定的价值和意义。高职院校要将其精华以独特的方式，巧妙融入本校校史文化育人实践的过程中，以实践的方式和手段，快速提升校史育人的功能和有效性。

二是从文化自觉的视域出发，深入思考校史中所蕴含的文化内涵，以有效提升育人的效果，使学生取得全方位的发展和进步。高职院校应注重校史文化与校园文化之间的有机融合，以达到育人目的。在高职院校校史文化的育人过程中，面临着两个主要难题，分别是育人方式单一和过分强调制度的规范化，严重忽视了行为的合理养成。前者主要原因为大多数的高职院校将校园文化建设与学校历史教学相结合，忽略了校园文化的内涵以及其独特作用，从而导致育人效果不佳。在一些高职院校校史文化育人的过程中，侧重于对校史馆建筑的参观，以学生出勤率和分数作为衡量学生对校史知识掌握程度的标准，单纯灌输校史知识，这样容易使得学校教育与历史学习之间脱节，并且在机械式的灌输方式下，学生缺乏主动性和积极性，很难真正把校史的文化精髓较好地融入内心深处。后者的主要原因是由于受传统思想的影响以及社会大环境的制约，一些高职院校对规章制度建设并不是十分重视，许多学校的管理制度较为松散。学校开展各项工作均和规章制度有联系，特别是在面对学生的教育和管理时，一些学校重点强调"规范性"，忽视了对学生行为的深入引导和规范，同时重视过程性考核，忽略了对学生的行为习惯养成教育。每一位学生都是独一无二的个体，因此高职院校应该更加注重对学生的人文关怀，合理引导他们掌握正确的行为方式，从而培养他们形成个人的良好行为习惯。

（二）培养塑造理想人格

人格（个性）主要是由一个人的思想、行为以及情感所构成，这种构成不仅能够将人的思维方式反映出来，同时也将人的处事方式与行为风格充分展现出来。人格影响着个体心理活动及认知能力，更直接影响其行为表现和生活质量，甚至决定了个体命运的走向。因此，在某些情况下，人们总是将个人的身心健康和未来的发展紧密联系在一起，以评估人格健康的状况。高职教育作为培养高素质应用型人才的基地，肩负着为国家建设提供优质人力资源的重任，高职教育人才培养目标的达成离不开学校文化环境的培育。在《文化模式》中，本尼迪克提出了"不同的文化塑造不同的人格"[1]理念，在《论儒化》中，陈元晖先生则强调了"文化熏陶是形成人们性格和人格的重要因素"[2]。尽管文化和人格之间存在差异，但它们却有着不可分割的紧密联系，特定的文化能塑造特定的人格，同时人格也能在现代社会文化中不断推动文化的变迁和发展。高职院校在开展校史文化育人的过程中，应当充分利用文化的潜移默化优势，熏陶和感染学生的知识、情感、意志和行为，建立起文化与人格相互促进的机制，从而实现对学生人格的全面塑造的目的。

理想人格将社会文化的价值标准反映出来的同时，也展现出人们所追求和向往的人格模式。理想人格与现实之间存在着矛盾冲突，这种矛盾冲突主要表现在理想人格与现实生活之间、理想人格与道德规范之间以及理想人格与个人能力发

---

① 露丝·本尼迪克.文化模式 [M].何锡章，黄欢，译.北京：京华出版社，2000.

② 颜旭，王尔章.文化震荡与军人心理行为取向变化研究 [J].兰州学刊，2005（03）：289-290.

展之间等方面。随着时代的变迁，理想人格作为时代精神之一，其所蕴含的时代内涵也在不断演变，由最初儒家所倡导的"内圣外王"，到如今我们所追求的自觉为"人"的人格，可见追求的理想人格也是不断变化的。随着我国改革开放进程不断加快，市场经济快速发展，社会价值观日趋多元，传统优秀文化受到冲击，这给高职院校学生带来了许多新问题、新机遇与新挑战。高职院校的校史所蕴含的文化内涵，为学生的学习和成长提供了有力支撑，同时也为他们塑造了理想的人格形象。高职院校校园文化建设应与校史文化相融合，以促进学生思想政治工作水平提高。在高职院校的校史中，有许多默默耕耘的"教师"，这些教师是高职院校开展人格教育的重要法宝。

在高职院校中，物质文化被视为一种独特的文化现象。高职教育与普通高等教育有着本质上的不同，它更需要一种独特的文化氛围，培养和发展高素质人才，这种氛围就是高职院校物质文化。学校的物质文化通常蕴含着数代教师和学生共同铸就的物质文化结晶，并且随着学校的蓬勃发展，它也在不断地完善和提升。高职院校应该对物质文化进行充分的利用，以更好地促进学生人格塑造。环境不仅能改变人的行为方式，还能够塑造人的性格气质，促进人的成长成才。校园文化作为一种隐性课程，能够潜移默化地培养大学生形成良好的品质和行为习惯，促进他们树立正确的人生观、价值观以及高尚的道德情操。无论是古代孟母三迁，还是今天的择校而居，都展现出环境对人格塑造的重要影响，正如"近朱者赤，近墨者黑"的道理一样。因此，高职院校要重视校园文化建设与塑造，充分发挥校园物质文化对人格教育的功能。高等职业院校的教学楼、办公楼、校史馆以及环境物质等，都是校史中珍贵的物质文化遗产，也是高职院校的名片，物质环境的质量好坏对学生理想人格的塑造能够产生直接的影响。校园文化建设里有一种特殊的文化氛围，那就是校史物质文化，挖掘校史所蕴含的校史精神与文化内涵能为学生的世界观、人生观和价值观的塑造提供正确的有益指引。学生沉浸于校史悠久的文化氛围中，能够潜移默化地逐渐形成个人独特的气质和审美情趣。

高职院校的校史精神文化，涵盖了规章制度、校训校风、办学理念、行为规范等多个方面，这些构成了个人人格形成的内生动力，并在学生人格的养成中扮演着至关重要的角色。校史文化作为校园文化建设的基础工程，具有传承历史的教育功能，还能为学生提供丰富多样的人文体验活动。高等职业院校校史所蕴含的文化精髓，是在传承、凝练与发展进程中逐渐形成的，唯有通过对校史文化内涵的持续性丰富，才可以真正使学生的多元化需求得到充分的满足。我国高职院校以工学结合为主线，注重实践能力、创新能力以及职业素养的培育与提升。不同高职院校所培养的人才，具备独特的不同气质，这也将不同学校校史文化的独特性充分反映出来，所以要想使高职院校校园文化具有较强的影响力，就必须将其与校园特色结合起来。

相对于物质文化和精神文化来说，制度文化在某些方面也对个体人格的塑造产生了比较直接的影响，比较显著的是具有强制化特征，制度文化的这种特性决定了它可以作为一种精神力量来发挥其教育功能，同时又有一定的约束力。高等职业院校通过制度文化的独特特质，对学校科研、教学和日常工作的正常运转进行维护和保障，从而约束与感召学生，使他们更好地塑造和培养自身的品德和操守，因此，高职院校应该重视并加强对其管理制度文化的研究与建设。良好的校风和学风塑造是高等职业院校的制度和文化建设的核心，这些因素随着学校的长期发展持续积淀，成为学校的灵魂和形象的重要保障。

（三）日益凸显人文关怀

一是通过对学生进行人文关怀，加强他们的自我意识和主体性。传统的教学模式使师生之间缺少交流，教师在以前传统的教学观念中被视为教学活动的核心，承担着传授知识、解决疑惑的使命，学生只是被动地接受，这导致学生对知识理解不透彻，甚至产生逆反心理，不利于教学效果的提高。这就要求高职院校要改变以往以传授为主要目标的教学模式，注重发挥学生在学习活动中的主体作用。钟启泉先生认为："在对待教学方式的取向不应是'教师中心'而是'学生中心'，且教学过程也由'独白式'变成了'对话式'，教师不再进行广播，学生也不再是被动接受，教师与学生应是在共生共存中发展。"[①] 随着教育改革的持续推进，教学场所已演变为以学生为中心的知识殿堂，学生的主体性地位得到相应的提升。教师自身素质的提高是保证教学质量的重要条件，所以加强对高职院校校园文化氛围建设具有十分积极的意义。当今时代的年轻学子正处于知识体系建构与整合的关键时期，高职院校应当在学生成长的关键时期抓住机遇，引导他们树

---

① 钟启泉. 现代课程论 [M]. 上海：上海教育出版社，2003.

立独立自主学习的正确意识，使他们摆脱被动学习的束缚，能够更全面地实现自身的提升和发展。高职院校的校史所蕴含的理想信念、价值观念等，已被广泛传播和认可，作为学校文化的精髓，校史精神不断延续和发展，逐渐成为学校教师和学生所共同追求的信仰体系。无论是高职院校校史文化所展现的情感，还是其反映的价值观，均增强了学生的归属感与幸福感，同时也使他们能够更好地表达情感意志，不断实现全面发展。在学校的校史和文化教育中，每一位学生都是独一无二的个体，因此高职院校应该以满足学生的不同需求为宗旨，注重人文关怀，充分尊重学生的主体地位，不断增强学生在责任方面的意识，这是学生全面发展的需要，也是学校办学宗旨的重要展现。

二是通过对学生的人文关怀，不断提升和完善他们的人格修养，使他们达到更高的境界。人文关怀有助于提高大学生的综合素质，提升他们的社会责任感和历史使命感，作为众多优秀人才的汇聚之地，高职院校肩负着培养和聚集人才的重任，这是国家真正实现人才强国目标的现实需要，更是时代赋予的必然要求。因此，高职院校要把立德树人的理念贯彻到日常教学工作中，将德育融入人才培养过程中去，从而促进学生全面健康发展。"人无德不立，育人根本就是立德。"[1] "大学是立德树人、培养人才的地方，是青年人学习知识、增长才干、放飞梦想的地方。"[2] 这说明了德育在人才培养过程中是不可缺少的一个重要环节，有着十分重要的作用，同时也说明了德育是我国教育事业不断发展的根本任务。在我国的教育事业中，道德教育是一项至关重要的使命，它在整个教育过程中扮演着至关重要的角色。因此，如何将德育渗透于校园历史文化教育过程之中，也是摆在教育工作者面前一个亟待解决的问题。高职院校校史文化中通常蕴含着道德伦理，这些道德伦理是重要的文化育人法宝，可以将学生内心的道德激发和调动起来，增加学生参与日常活动的主动性和积极性，进而促进学生身心健康的全面发展。高职院校校史教育在人文关怀的引领下，使学生得到内心体验关怀的同时，聚焦于学生的心理和个性特点，从而快速提升他们的个人修养，以实现培养全面发展栋梁之材的目标。

---

① 冯刚. 立德树人与时代新人培育的内在逻辑 [J]. 四川师范大学学报（社会科学版），2021，48（05）：13-19.

② 习近平. 在北京大学师生座谈会上的讲话 [N]. 人民日报，2018-05-03（002）.

（四）促进学生全面发展

一是高等职业院校的校史文化中蕴含着社会主义核心价值观的精髓。社会主义核心价值观作为一种社会意识形态，具有丰富内涵和鲜明特色。文化的最高境界在于其所体现的价值观，这些价值观是文化的一种外在体现方式，不管是培养还是践行价值观，均需要文化的支撑和传播，由此加强高职院校校史文化教育对于培养学生良好的道德品质有着十分重要的意义。在高职院校的德育中，社会主义核心价值观扮演着不可或缺的角色，作为德育的关键组成部分，具有十分重要的作用和意义。作为一种教育形式和手段，校园文化建设可以对社会主流价值观念起到引领作用。高职院校实现校史文化育人作用的重要途径之一，是将校史中蕴含的文化精神与社会主义核心价值观有机融合。校史文化作为一种特殊形式的教育资源，对高职院校培养具有坚定理想信念的合格人才发挥着不可替代的价值作用。高职院校应当以学生群体为基础，通过对理论的深入研究和探索以及不同类型的实践活动，将社会主义核心价值观成功地内化于心、外化于行，以实现高职院校人才培养的最终目标。校史文化蕴含丰富的思想政治教育资源，为社会主义核心价值观教育提供了广阔空间，高职院校可以借助照片和历史资料，以直观的方式，使学生感受党带领广大人民群众努力搞革命、建设以及改革的汹涌激流，了解那段奋斗百年、不屈不挠的伟大历史。此外，校史上还有着众多杰出校友，他们的英勇事迹也是校史文化中的珍贵资源，这些宝贵的历史资源可以作为校园文化建设的素材，运用到校园精神的塑造中来，从而形成具有鲜明特色的校园文化氛围。高职院校的校史文化同社会主义核心价值观所蕴含的价值理念是相互契合的，高职院校校史文化在发展的过程中，应该认真落实和全面贯彻、践行社会主义核心价值观，以理论实践的具体方式使两者相互融合，通过将社会主义核心价值观融入校史文化中，实现有效育人的目的。

二是高职院校的校史文化中既有主人翁精神，又有强烈的社会责任感，这种精神贯穿于学校的发展历程中。教育现代化的方向目标之一，是怎么培养具备四有素质的优秀青年，以更好地发挥他们的作用，正确引导他们成为合格的社会主义建设者与接班人。青年学生唯有在成长的过程当中，树立爱国主义精神和责任担当意识，肩负建设繁荣祖国的重任，怀揣坚定信念与崇高理想，方能具备创造、拼搏、完成时代赋予光荣使命的相关能力。高职院校的校史一直秉承着以爱国主义为核心的育人工作理念，致力于培养青年学生成为实现人民美好生活的中坚力量，无论是拯救国家、保卫国家、振兴国家还是实现中华人民的伟大复兴，每一位年轻的学子都应该以主人翁的姿态肩负起国家的重任，通过实际行动展现他们应有的热情和担当。在高职院校校史的文化育人过程中注重培养学生的爱国主义情怀，这样有助于提升和激发他们的社会责任感，也能够帮助他们更好地适应时代的要求以及科技进步和社会发展的不同需求。学生若具备主人翁意识，则可进一步明确自身的义务和责任，将主动性和创新力的作用充分发挥出来，以爱岗敬业和艰苦奋斗之精神，为社会主义现代化建设献出自己的力量。

四、高职院校校史文化育人功能的主要内容

（一）导向示范功能

所谓的文化导向示范功能主要指文化是一种文治教化，通过文治教化能够对个人与社会进行合理引导，在生活方式、道德规范等多个方面产生具有倾向性与方向性的良好效果或特性。校园文化是学校教育教学工作中所创造出来的物质形态与精神成果的总和，既包括以文字符号为载体的传统文化，也包括新时期以来出现的现代先进文化。在校园这个开放的系统中，各种观念、思想和理论汇聚并相互碰撞，形成了一个相互交织、相互渗透的生态系统。一方面，文化的积极向上，除了可以为校园氛围注入活力和生机之外，也能够推动文化交流的进一步发展。另一方面，文化的滞后和腐朽，可能会助长校园内的不良风气和不良氛围，从而对学生的健康成长和发展产生不利影响。如何加强校园文化建设成为当前教育界研究的热点问题之一。高职院校在此情形下，其校史文化所扮演的导向示范角色显得至关重要。

高职院校校史文化的首要使命在于引导学生树立符合时代潮流的价值观、人生观和世界观。在新时期，加强大学生社会主义核心价值体系教育，必须要以历史文化教育为切入点，现代学子是国家的未来之光，他们肩负着振兴中华民族的崇高使命，作为培养祖国未来接班人的重要阵地，高职院校在开展教育的过程当中必须重视对学生良好道德品质的培育。优秀的人才应当具备广博的学识和强健的体魄，还应该怀揣高尚道德情操与远大理想追求，这些都是不可或缺的。良好

品质是人生发展的基础和动力，优秀品格的培养离不开教育，优良校风的形成则更多依赖于校园文化建设。正确的价值观引导是培养美好品德的必要条件，高职院校校史文化继承学校精神的同时，也创新文化与吸纳文化。作为一种内涵丰富、充满活力的文化，校史文化其实也是一种以正确的价值观为导向的文化。高职院校校史文化教育作为校园文化建设中的重要组成部分，对大学生的健康成长有着积极作用。高职院校的校史文化是一种潜移默化地塑造学生世界观、人生观和价值观的外在文化氛围，对于培养学生正确的价值取向，具有重要的推动作用。因此，要想使学生成为德才兼备的人才，高职院校就必须重视校史文化教育。学生的个体行为在很大程度上受高职院校校史文化的影响，优秀的校史能够激励人不断进取、奋发有为，不完善的校史会让学生丧失前进的信心。校友是最具感染力和榜样作用的群体，是校史上备受瞩目的杰出人物，他们也许是学术界巨匠、政治名流，也许是商界精英，这些在各自领域中闪耀的杰出校友，一方面以自身独特的经历、学识以及人格魅力吸引众多学子，并通过与之建立良好的人际关系，促进学生的学业发展；另一方面，通过榜样的示范作用为学生带来精神上的激励，是学生昂首阔步的精神动力，更是他们不断追赶和超越的目标。

（二）激励凝聚功能

当一种价值观得到某个群体的共同认可时，就会激发出向心力，这种向心力把这个群体紧密地联系在一起，推动他们不断向前发展，朝着共同的目标迈进。校史文化犹如具有凝聚力量的黏合剂，可以把志同道合、有共同追求的教师和学生凝聚在一起，使他们相互交流、相互促进，从而形成良好的人际关系，营造适合成长的环境。

作为高职院校校园文化的重要内容，高职院校校史文化所蕴含的激励凝聚力量和功能是不可忽视的，具有育人作用，能促进校园精神文明建设。高职院校校史文化将历代学校教师、学生共同的理想追求充分反映出来，其中蕴含的思维方式、理想信念等以特定的心理定式和氛围存在于教师和学生群体之中，虽无形却能在教师和学生群体中形成强大的凝聚力与向心力，合理引导教师和学生自觉地遵循学校主导的价值观去工作和学习。高职院校的校史文化具有广泛的影响力，可以使学生从多个角度受到感染和熏陶，使他们形成共同的身份认同感、归属感和责任感。由此，高职院校要建设"以人为本"的校园文化，营造良好的文化氛围，让每个人都有一种积极向上、奋发有为的动力。这样的环境可以点燃学生的求知欲和学习热情，也可以在学生群体中使他们建立相互支持和共同进步的牢固群体关系，同时也有利于提高教师素质，增强师资队伍建设力度，从而更好地为人才培养服务。高职院校的校史文化是一张展示学校、吸引人才的名片，优良的校风学风从某种意义上看代表着学校的形象，一个充满激情和凝聚力的学校，必定会吸引更多的杰出人才，教学人才队伍的优劣会对高职院校的育人效果产生非常直接的影响，并且也会直接影响院校的办学水平与层次。作为一种特殊的校园文化形态，高职院校校史馆也承载了对教师教育培训、提升自身素质、培养创新精神的重要责任与使命。综上所述，高职院校校史文化的激励凝聚功能，在校园氛围的营造和教师队伍的更新中一直扮演着至关重要的育人角色，发挥着重要育人作用，一直以来都是不可或缺的存在。

（三）价值认同功能

文化的价值认同功能主要指将价值视为文化的核心，一旦它成为某一特定群体共同认可的价值准则与尺度，就会对该群体的价值追求与取向产生直接的影响，从而引导他们的客观行动与主观思想。通常情况下，一个人的价值观念是否正确、合理、健康、向上，取决于他对社会生活中各种现象和问题所持的态度以及由此形成的价值评判标准。在日常生活中，人们的价值观决定了他们的处事方式；文化的立场和选择，取决于其所持有的价值观和价值取向。文化的基础功能在于其价值认同，这种认同的程度则直接影响文化凝聚力的强与弱，唯有当文化被广泛接受和认同的时候，才可以真正将"以文化人"的作用充分发挥出来。

在教育领域中，那些被社会广泛认可的卓越优秀文化，才能够被纳入其中。高职教育作为一种特殊的职业教育，自身发展离不开先进的历史文化教育和传承。高职院校的校史文化作为社会实践的一种产物，是对客观存在的深刻反思和反映，也是对传统文化的摒弃以及对现代文化的创新发展。在新时期背景下，高职院校校史的传承与发扬具有重要意义，校史文化完整记录了学校文化的演变历程，同时也对学校文化进行了精选，保留了其中的精髓。在当前社会主义核心价值体系建设中，高职院校校史文化教育具有重要作用，作为一种融合了精神、制度、道德和风尚的文化，它所体现的思想内涵和价值理念是社会所推崇的价值观，也是学生急需武装头脑的价值观。高职院校校史文化具有教育功能和激励功能，可以通过校园文化活动、校园物质建设及环境美化三个途径来实现。高职院校的校史文化，在价值观方面对学生的生活方式与价值理念产生了直接的影响，有效规范了他们的行为习惯与言谈举止，从而激发了他们对学校的热爱和荣校的强烈情绪，让他们从内心深处认同学校所传递的价值理念，并以自己的学校为傲。

（四）情感陶冶功能

文化的情感陶冶功能在于其作为外在环境之一，能以潜移默化的方式，对人类的道德、情操和人格产生深远影响，主要通过人们的行为方式表现出来，以其独特的魅力作用于人的心理活动中。这种影响虽然具有潜在、微妙、难以察觉的特质，但是所带来的影响却是持久深远的。在学校教育中，教师不仅要向学生传授专业知识，还要培养学生形成良好的道德品质和高尚的人格。高职院校对学生的教育，不仅体现在知识的传授方面，还体现在所处的周遭环境与生活条件方面。良好的校园环境就是校园文化中不可或缺的组成部分，也是学校开展思想政治工作的重要阵地。优越的校园环境可以有效缓解学生的巨大学业压力，让学生保持愉悦的身心，更能够熏陶学生的内心，促进学生人格的升华。

高职院校的历史悠久与否并不影响其独特的校园环境和建筑风格的形成，这些元素不仅是校史文化的印记，更是校史文化的精髓和灵魂所在。校园的每一个角落无不体现着校史文化，每一片草地和每一株树木都是校史文化的参与者和见证者，见证着学校的形成和发展。校园景观一方面将学校历史发展进程反映出来，还体现着学校的办学特色，代表着校园文化的内涵；另一方面，它为学生营造了浓郁的校园文化氛围，为其提供感受美与体验美的机会，在这样的优美环境下学习和生活，学生的思想、精神在潜移默化中就会受到影响和鼓舞，校史文化逐渐融入他们的血液中，成为重要的精神支柱，所以说校史文化是学校办学特色的体现，也是学校精神文明水平的反映，具有很高的研究价值。为了吸引学生的关注，除了教育宣传之外，高职院校校史文化还需要与校园文化活动、文化建设相结合，以达到寓教于乐的育人效果。可见，将高职院校校史作为一种教育资源引入校园文化活动中是十分必要的。众所周知，校园文化活动是学生自我锻炼和表现的场所之一，高职院校校史文化精神和校史文化元素在丰富多彩的校园文化活动中的完美融合，既是理论性和艺术性的完美结合，又是知识性和趣味性的有机结合。将校史发展过程作为载体研究，可以更好地挖掘校园文化的内在魅力并使之转化为一种精神力量。高职院校要将校史文化的精髓融入校园文化建设当中，让学生在视觉上产生耳目一新的感受和体验，也能够使他们在文化氛围中感受到其中蕴含着的深刻内涵和珍贵价值。

第三节　高职院校校史文化育人功能的实现路径

一、高职院校校史文化育人的顶层设计

（一）优化制度，巩固常态保障机制

一是不同高职院校的办学标准和起点存在差异，假如一味追求宣传效果，盲目照搬其他高职院校的文化运营模式，可能会出现削足适履的局面。因此，高职院校必须结合学校实际，制订符合自己特色的校史育人制度，使之成为凝聚师生共识、激励学生学习进步的精神纽带和动力源泉。高职院校要以本院校的教育理念和学科专业为基础，将本校独特的文化优势突显出来，方能实现科学、合理的规划，提高资源的有效利用。高职院校要在此基础上制定出符合学校发展实际的规章制度，以确保校园文化建设与人才培养目标相融合。

二是高职院校应当为从事思政教育的人，尽可能提供参与制度设计的机会，以便更好地提高他们的思想政治素养。制度是组织管理中最重要的工具之一，也是影响学校发展的关键因素。制度的规划是一项高层次的设计，它为工作的进程和方向提供了指引。思政教育工作者可以通过自身实践来进行制度创新。思政教育工作者的参与，可以确保在教育教学、史学育人等多个领域，全面贯彻并落实树人的正确理念，从而更好地挖掘和应用其中蕴含的道德观念、价值观念等历史文化元素。与此同时，高职院校要构建完善的学校组织管理制度，保障各项规章制度的有效执行。

三是高职院校必须确立一套完整的校史文化建设制度。通过制订明确具体的校史文化教育内容和目标、完善组织机构、加强师资队伍建设、健全规章制度等措施，保障校史文化建设的制度化和规范化。高职院校应当将校史文化建设制度融入校园文化建设和内涵式发展的蓝图之中，以确保其在未来的发展中发挥出应有的功能和作用；确立一套科学的人员管理与评估机制，以实现有效的人才培养为目标，将育人实效作为评价的导向和标准；推进制度配套的制定，以确保各项实践活动与产品研发得到相应的保障和激励。

（二）培养人才，强化文化育人主体

首先，高职院校应当强化各主体的责任担当和意识。学校是培养社会主义建设者和接班人的重要阵地，也是培育先进校园文化的主要场所。学校的领导者需要协调推进校史上的文化活动，以确保其得以传承和建立，领导干部要加强对校园文化内涵与特征的认识，在校园文化氛围营造上下功夫，并自觉实行。只有那些善于从前辈的教育理念、实践与成果中汲取经验和智慧，并结合集体的文化背景和前景，统一思想、凝聚力量、教书育人的学校领导者，才可以更好地引领教育革新，完成立德树人的崇高使命。文化建设的支持和保障工作应得到管理者的高度重视，他们应积极促进文物保护和校史校情留存，以延续学校优良的管理经验和做法，通过营造良好的校园文化氛围来提升校园文化品位，让每一个师生都能以自己是历史的见证者和传承者而自豪，从而形成自觉传承与弘扬优秀传统文化教育的氛围。文化建设者应当以教师和学生为服务对象，致力于实现思想政治教育的管理效应，以关爱师生为己任。教育者应当在深入研究的过程中，精心设计课堂，将校史悠久的文化遗产融入课堂中，并将其融入与学生的日常交流中，通过讲述校史故事和人物故事，传递学校成员求知、修德和报效祖国的精神品质，切实履行教育主体的职责。

其次，高职院校要着重培养具有良好思想政治教育素养的档案馆研究人员。档案馆研究人员掌握一手校史资源，承担着编撰校史、经营校史馆、推进校史文化育人活动顺利开展的重任，角色至关重要。第一，高职院校要增强档案工作者的学校归属感，使其以高度的责任感投入到工作中，深入发掘潜藏在文献中的历史细节和文化精华，在深入解读校史文化的过程中，档案工作者又能进一步强化自身归属感，增强荣誉感、成就感。第二，高职院校要激发作者的教育事业热忱。学校档案工作具有游离于教学一线和科研一线外的特征，可能使工作者产生职业迷茫，继而打击其事业进取心。第三，高职院校要培养档案工作者立德树人的意识和能力，将他们钻研校史文化过程中的成果感悟利用校史文集、校报、网络平台和选修课等载体传递给受教育者，促进工作者自身完成研究者到教育者的转变，使其获得更多认可，实现更崇高的人生价值。

最后，高职院校要加强校史文化志愿服务组织的建设和培养。受教育者具有主体性，这是促进其接受并内化教育影响的关键因素。受教育者可通过参与实践活动检验教育内容、形成品德习惯。因此，要发挥受教育者的实践主体性，就要成立校史文化志愿活动服务组织，为校庆等节日庆典招募志愿者，为招生宣传提供生力军，为校史馆培养专门志愿者和专业解说员，引导受教育者参与到校史文化的传承、发展和创新中去。受教育者在亲身参与和亲身经历中更容易建立群体文化认同、内化价值观念，并发挥同辈群体的学习和感召作用，成为传播校史文化的重要力量。

（三）联动贯通，形成全员育人局面

"思想政治工作，是一切工作的生命线。"[①] 高职院校要将校史文化育人工作贯穿到学校各院系各部门，建立"大思政"共同体。

第一，高职院校思想政治教育应当在各项工作中发挥生命线的作用，号召全体教职工完成立德树人使命担当。教职工（包括退休教职工）是承载和创造校史文化的主体，高职院校要以学校成员共同的奋斗愿景为情感共鸣点，激发他们作为文化受益者和传播者的角色意识，提高其参与德育活动的积极性；积极推动各主体间教育模式和话语的交流，使其形成更加民主化和合理化的关系，从而减少内部的隔阂；让教职工摒弃各自为政的小团体观念，以更加开放包容的姿态将共有的校史文化运用于教育科研、德行修养等方面。

第二，高职院校各院系在培养方案和目标的设计环节，要主动寻求思想政治教育理念、目标、内容、方式、评价等方面的耦合衔接，充分调动起各部门的校史资源，对受教育者进行具有生活气息和现实指导意义的校史文化教育。

---

① 中共中央国务院印发《关于新时代加强和改进思想政治工作的意见》[N]. 人民日报，2021-07-13（001）.

二、高职院校校史文化育人的物态呈现

（一）完善校史馆叙事

1.借鉴经验，加强协作

目前，许多高职院校重视校史文化建设，在校史馆建设和育人工作方面也形成了相对成熟的经验。高职院校可以借鉴其他学校的成功经验，从以下几个角度完善校史馆建设：第一，设置主题展区，分区展示文化变迁历程和办学成果；第二，突出优势学科的人物经历，讲好学校故事和学脉沿袭；第三，求真求实，以物证史，采用无争议且有特色的实物展品，突出学校为国家和地方做出的贡献；第四，开发校友信息电子查询系统，开放电子地图等。校史馆建设程度较低的学校可以借鉴相关经验，立足自身特色确定馆内主题，布置馆景，也要加强沟通协作，确定校史文化的合理边界。校史因学校前身的院系调整，在归属上可能存在争议，需要经过多方论证和历史考究确定合理边界。

2.汇聚校史馆建设的合力

第一，高职院校要以档案馆为主要依托，推进校史馆建设。校史馆的建设不仅需要人文社科的力量支持，还要有收集和研究档案资料、做出价值性总述的专门机构。档案馆具有档案管理的专业体制和相对成熟的研究机制，借助大量的校史材料能够挖掘出映照历史、解释现实的文化内容，服务育人实践。校史馆的建设，包括展品的征集、素材的整理、环节的设置都可以以档案馆为依托完成。

第二，高职院校要调动师生校友的集体力量，提供叙事展陈素材。高职院校要号召师生校友提供反映学校生活、学习和工作的回忆录、发言稿、证书、纪念物品等，收集优秀校友的照片以及社会媒体的报道，经过筛选后配以相应的文字或短视频，增强叙事的说服力和感染力。

第三，高职院校要征集访客对校史馆的意见，更好地获知校史馆的不足之处和公众的馆建创意。高职院校要确保校史馆能准确反映学校历史文化，确保馆内空间、展柜、设计形式以及配套功能更加人性化，满足师生的参观需求。

（二）优化校史文集编撰

校史文化所承载的是学校成员的思想精神、经验智慧，而文字则是其最基本

的符号表达形式。校史文化具有独特的育人功能，它能够在潜移默化中对学生进行思想政治教育，提升大学生综合素质和能力。为了更好地将校史文化中所蕴含的思想政治教育影响传递给更广泛的受众，高职院校需要进一步完善校史文集的编纂工作。

一方面，高职院校要以贴近受教育者需要和学校宣传教育为导向，不断提高编撰水平。第一，高职院校要在编纂校史文集时增加碎片化和细节化的内容，突出事件的历史情节和人物的思想转变，强化历史人文氛围，增强文集叙述的生命力和代入感。第二，高职院校在编撰校史文集时要注重做出价值性综述，更好地引导受教育者正确看待个人和社会；注重描述学校物质、制度发展与社会变革间的联系，讲述校长、教师和优秀职工等在办学治学、立德树人等方面的成绩，特别是剖析学校和学校成员前进道路上的文化选择，坚持的道德精神、价值观念。第三，高职院校在编撰校史文集时要适度添加折射现实生活、能够指导生命行动的主题篇章。"生活世界是人不可分割的一部分，也是教育的起点和归宿。"[①] 在文集编撰过程中，编撰者要突出榜样师生的人生轨迹、学校制度变迁和建筑改建的现实影响等内容，帮助受教育者更好地应对校园生活、人际交往、学术道路和社会境遇等方面的矛盾和冲突。

另一方面，高职院校要借鉴喜闻乐见的叙述方式。仅仅以校志呈现校史文化，会拘泥于"志"的框架，因此高职院校要善用多样化的叙述形式，如在体裁上选择口述史、人物传记等，在对象上可以选择教师、校长、制度或建筑等。当前，许多以历史为原型的通俗小说深受学生欢迎。这种体裁虽有缺少历史真实性、偏重娱乐化的嫌疑，但其发挥的历史文化传播作用是毋庸置疑的。部分校史文集编著或可在语言风格、文章架构上借鉴这一历史叙述模式展开，基于史实进行有趣的创造。档案史料往往缺失历史细节和人物心理的记录，这成为校史编撰工作者的战略留白区，他们通过赞叹、叹息或批判等艺术想象和创造，将历史文化以风趣幽默的体裁表现出来，吸引受教育者阅读，增强了校史文集的生命力和感染力。

---

① 张栋栋，陈睿，刘斌．高校学科教育中培养诚信理念及行为的若干理论与实践研究 [J]．吉林化工学院学报，2018，35（04）：69-71+83.

（三）鼓励文创产品开发

1.丰富校史文化产品的设计开发途径

（1）寓校史文化于数码产品

高职院校在选择文化产品种类时，可以选择 U 盘、鼠标、保护壳、贴膜等与学生学习工作密切相关的物品，而且这些产品更新换代较快、需求量较大，可以成为校史文化的良好载体。

（2）鼓励受教育者积极参与校史文创研发

高职院校可以通过举办创新创业大赛或毕业设计比赛，激励学生贡献创意，将优秀作品经多方评估投入量产；也可在论坛和庆典等特殊节点，邀请学生设计具有校史文化的徽章、服装、口号或视频；此外，也可在中秋节等传统节日来临之前，邀请学生共同创作有文化象征符号的食品。

2.开拓校史文化产品的"推销"路径

第一，高职院校可以引入文创供给平台，供应印刷校徽、校训和建筑等文化标识的服装、饰品、文具、马克杯、手绘地图等。第二，高职院校可以借助志愿服务发放文创物品，为学校庆典或院系活动招募的志愿者提供印有学校标志的 T恤、遮阳帽等物品。第三，高职院校可以将其设置为活动奖项，通过校园竞赛活动发放。第四，高职院校可以将其作为爱心物资，通过学校资助中心发放。总之，校史文化产品兼具纪念意义和育人价值，在师生校友使用或艺术欣赏中能够传播学校文化，争取情感共鸣和历史文化认同，促进实现其思想政治教育功能。

三、高职院校校史文化育人的课堂创设

（一）渗透思政课教学

一方面，利用校史文化开展思政课要依托真实生动的教育内容，坚持就地取材、贴近生活。具体方式如下：第一，利用校史文化开展思政课要针对思想政治教育热点发掘内容，如在"四史教育"兴起之际，积极发掘校史文化中"四史"内容，服务党员支部活动和历史认同教育。第二，利用校史文化开展思政课要根据校史文化的构成要素，发掘不同层面的内容，如挖掘物质文化层面的建筑文物内容，引导受教育者增强审美意识，在欣赏校园环境中感受人文气息和陶冶情操；

挖掘精神层面的教育理念和工作方法，使得教育者能够更具底气地开展德育活动，并结合新情况新要求守正创新；还可挖掘文化主体层面的教师模范内容，弘扬优秀师风师德。第三，利用校史文化开展思政课要坚持科学设计，合理融入。高职院校要根据思想政治课的教学需要从校史研究机构的成果中合理取材，经过科学设计使得校史文化内容能够契合课堂主题，推进育人进度。

另一方面，思政课教师要善于运用校史文化相关内容开展教学。教育者要在充分认识校史文化价值的基础上加强学习，并将其适当融入课堂。例如，校史可追溯到新民主主义革命时期的学校，教育者可梳理革命时期师生校友中的爱国志士及其报国之行，在思政课程中融入爱国主义教育环节；在马克思主义中国化的教学中，可以结合学校对于马克思主义的理论探讨和社会实践成果进行校史文化教育；在学校开设的其他人文课程中，也可有机结合相关内容，使得校史文化实现多方位渗透。

（二）开展文化选修课

宣传校史中的爱国报国事迹、科研奋斗事迹和道德模范事迹，需要开展校史文化选修课，打造更多主体和客体参与的课堂平台。文化选修课的教师队伍，可由档案馆、校史馆和社科学院等在职人员构成，也可邀请校领导、校友或外校专家。高职院校要通过课程设计和长期探索形成科学合理的教学规划，有目的、有步骤地呈现学校办学的智慧经验、学术探索的艰辛历程、教书育人的文明硕果等，利用真实可考的史料引导受教育者在选修课学习中深刻体会前辈们是如何坚守校园精神、如何实现爱党爱国的抱负的，从而使其更加理解学校管理的目的和德育学习的重要性，更加积极地配合学校管理。开展校史文化选修课还要注重形式的多样性，除了深入解读校史材料，还可组织受教育者观看影片、参观校史馆等，让受教育者在课上听讲历史情节，课下化身校史宣传者。

（三）开辟第二课堂平台

1. 讲好入学第一课

从高中到大学的教育模式切换，给受教育者生活、交往、学术能力等带来较大考验。受教育者心理和生理尚未达到成熟的社会化水平，对人生模式的转变、顺逆的理解还需要思想政治教育的干预。干预的方式之一就是在开学教育中，由领导带头授课，普及学校的历史文化和发展沿革，引导新生弘扬学校精神、践履学校校训，使其增强对学校的归属感和荣誉感。

2. 开展沉浸式校史实践

校史文化是在人、物和情建构的场景中诞生的，但是历史细节和历史人物的思想情感可能不会得到详细记载，这为开展实践活动提供了留白空间。因此高职院校在组织文化活动时可以引导受教育者发挥主动性，运用想象和灵感还原历史情景，通过举办校史话剧、舞台剧等活动，鼓励学生参与创作、积极观演，深入了解校园文化、治学传统和独特基因，增进其情感共鸣和思想认同。学校相关机构要制订规则，围绕本校具有德育意义的历史情节设置活动主题，提供演练场地和设备，给予物质和精神奖励，保障活动顺利开展。与此同时，学校还可以将优秀作品利用全息投影技术打造成沉浸式展馆，也可上传至网络平台，引起人们更加持久广泛的关注，扩大宣传和教育影响。在沉浸式场景中，受教育者能够更好地产生代入感，理解历史人物所处的立场境地、产生的思想情感和做出的历史选择，感受他们身上的责任以及他们所做的贡献，从而更好地内化教育影响。

四、高职院校校史文化育人的舆论宣传

（一）把握时间节点

1. 把握学校发展阶段的时间节点

一是修缮或重建物质设施。学校校史馆要及时更新教书育人和学术研究的最新成果，长期的展览服务令场馆灯光、背景板、投影仪等设施出现老化损坏问题，因此，在校庆周期要对其进行修缮更新，这样能展现学校对保护和传承历史文化的重视，能够得到师生的理解和支持。

二是开展各项校史文化育人活动，鼓励师生为各项活动出谋划策，包括设计活动主题、内容和形式；同时邀请校友参加校庆，在各项实践活动中重温校史文化，凝聚共识、传承信仰。

2. 把握阶段性教育的时间节点

一是在学期开端和结束两个时期，开展具有校史文化气息的育人活动。高职院校可在入学阶段发放校史校情手册、开展入学第一课等指导新生更好适应学校

生活，在毕业阶段赠送校史文化纪念品，增强其对学校的归属感，期间根据受教育者思想、行为的动态设置跟进校史教育。

二是响应政策号召。例如在爱国主义教育、"四史"教育、党史教育被确立为全国教育主题的时间节点，学校要充分挖掘自身校本资源，开展相关活动。

3.把握具有传统文化和革命文化纪念意义的时间节点

高职院校在进行校史文化育人舆论宣传工作时，可以在庆祝抗日战争胜利周年日期间举办校史革命文化展，在春节和教师节期间组织学生为老教师、老校友送温暖等。仅仅围绕传统节日容易导致学生活动参与疲劳，高职院校可借助学校内部的官方或非官方活动如校园运动会、趣味运动会、社团活动等，提供承载有校史文化的奖章、外设、服装等纪念品。

（二）关注社会热点

1.设置议题，解释社会热点

思想政治教育的有效性在于其能够设计出广泛引发社会关注和深入讨论的议题，把教育内容和思想进程巧妙地融入其中，从而实现话语的精准转向。校史文化是校园精神文化建设的重要资源，也是培育社会主义核心价值观的生动教材，通过对校史文化传播中的育人策略的探索，以应对社会热点问题的破坏性和突发性，通过设定议题对舆论导向进行合理的引导。

一是校史文化的传播育人，必须维护主流意识形态。高职院校是培养社会主义建设者和接班人的重要阵地，校史文化是培育大学生正确价值观、坚定理想信念的有效载体。校史文化是党史、国史的传承者，高职院校应当充分利用其优势，通过校史史实的跟帖评论，最大限度地消除社会热点中的消极言论，引导主流意识形态的积极向上发展；同时，也要关注社会舆情变化，积极回应舆论诉求，做好正面宣传工作，营造良好的校园氛围。

二是校史文化应该传承积极向上的社会力量，并且将其传递给更多人。例如，当某地遭受重大自然灾害或者公共卫生事件的时候，高职院校应以其悠久的赈灾历史和无私奉献的传统，号召受教育者传递温暖、发扬志愿精神、彰显人文关怀，以此为己任；结合国家政策和当地实际情况，开展"爱心助学"活动等形式，增强学生对学校的认同感，使他们自觉地把自己的命运同党和国家联系起来。

三是校史文化应该培养学生形成正确的审美倾向，不被不良的审美倾向所影响。随着畸形审美在网络上的流行和青少年的追捧，部分高职学生对"美"缺乏正确认知，对美的追求呈现出非理性化趋势，高职院校应当通过媒体渠道或者网络平台，宣传本校革命志士的光荣事迹以及专家学者为教育事业和祖国建设事业献身的事迹，以指引和引导青少年在审美价值方面向着更加正向、丰富的多元化的方向发展。

2. 公关传播，创造社会热点

相对于其他领域，社会热点的传播范围相对较为有限，对大众的影响也相对较小。在高职学生群体中，他们对社会热点问题的关注程度往往高于一般大学生，并且随着年级升高这种趋势越明显。所以，高职院校要在开展教育的过程当中把教育内容，如校史文化，以一种巧妙的方式制造为社会热点，这样能够更好地进行宣传。

（三）顺应传播趋势

一是高职院校应当借助新兴媒体平台，广泛宣传校史文化。目前，我国高职院校校史文化教育存在着"重文字轻图片"的现象，缺乏直观有效的教育方式。教师和相关工作者应当以育人主体意识为核心，运用慕课、微博等传播媒介，尽可能多地分享对校史文化的理解感悟与历史情感，有针对性地开展教育引导工作，以满足学生关注的热点和焦点；同时，也可以借助网络平台发布学校发展历程和重要人物事迹等信息，让师生了解学校发展历程及成就，增强认同感。

二是高职院校要对尖端信息技术进行充分的利用，及时优化、完善和升级校史官网。学校要加强对校史官网信息资源的开发与整合，通过互联网向社会开放校园网站、官方微博以及各类专题网站，丰富校园文化建设。利用大数据技术，相关工作人员可以把更多的文化符号与景观地图录入数据库，其检索方式也更加简单便捷，用碎片化、柔性化的方式呈现文化内容，如期刊论文，以满足学生在人文和科学研究方面的需求。另外，高职院校还可以借助网络社交平台建立师生间沟通渠道，促进教育公平与效率的提升。

三是高职院校应当致力于提升教育者和受教育者在媒介素养方面的水平，以达到更高层次的教育质量和效果。新媒体的发展带来了诸多挑战，也为传统教育注入了新鲜血液，对教育工作者而言既是机遇又是考验。在新媒体时代，无论是学习还是相互交流，均呈现出一种互动、去中心化的趋势，这对教育者的知识与能力提出了更高的要求，师生不仅要全面掌握新兴概念，也要熟练运用相关平台。与此同时，学校也应该通过各种途径加强对学生媒介素养培养的宣传力度。师生在复杂的新媒体环境下，需要积极、主动地辨别与选择优秀文化，学会辨别是非善恶和趋利避害，并深刻认识到校史中蕴含的文化和德行价值内涵。

参考文献

[1] 江英飒. 校史文化与"川农大精神" [M]. 成都：四川大学出版社，2013.

[2] 张元济. 校史随笔 [M]. 西安：西北大学出版社，2019.

[3] 王列平. 透视 大学校史文化 [M]. 武汉：湖北人民出版社，2014.

[4] 邵逝夫. 大学释义 [M]. 北京：北京联合出版有限责任公司，2020.

[5] 王邦虎. 校园文化论 [M]. 北京：人民教育出版社，2000.

[6] 江书平，曹秀芬. 高等院校校史文化建设概论 [M]. 北京：中国计量出版社，2017.

[7] 姚海涛. 高职院校校园文化建设理论与实务 [M]. 北京：科学出版社，2010.

[8] 蔡静俏，袁仁广. 高校校园文化建设与发展研究 [M]. 长春：吉林文史出版社，2021.

[9] 李家俊，张克非. 中国大学校史研究 [M]. 天津：天津大学出版社，2018.

[10] 吴洪成，张珍珍，蔡晓莉. 重庆学校史 [M]. 北京：知识产权出版社，2021.

[11] 魏泽. 高校校史课程的开设意义与教学探讨 [J]. 继续教育研究，2009（03）：154-155.

[12] 苏玉海. 谈校史在校园文化建设中的作用 [J]. 延边教育学院学报，2005（06）：58-61.

[13] 黄琼. 职业学校校史文化育人现状及实施策略探析 [J]. 广西教育，2022（26）：43-45.

[14] 郭万保. 大学校史文化的育人作用及实现路径 [J]. 山东理工大学学报（社会科学版），2022，38（05）：87-95.

[15] 张俊梅.发挥高校校史文化育人功能的实践探究 [J].吉林教育，2022（26）：14-16.

[16] 王欣.以校史文化为特色的大学生网络文化工作室建设策略探析 [J].教师，2022（25）：9-11.

[17] 李宁，徐洁.校史在校园文化建设中的应用现状研究 [J].山西青年，2019（04）：78.

[18] 李鑫，许静波.高校校史文化融入大学生德育路径探析 [J].边疆经济与文化，2021（11）：93-97.

[19] 胡业杲.高校校史馆在思想政治教育中的载体功能研究 [J].产业与科技论坛，2021，20（12）：113-114.

[20] 徐朝钦.新时代加强高等学校校史文化建设的思考 [J].兰台内外，2021（07）：44-46.

[21] 黄龙龙.高校校史文化育人功能及其实现路径研究 [D].南昌：江西师范大学，2022.

[22] 赵喻.高校校史文化的育人价值及路径研究 [D].上海：华东师范大学，2022.

[23] 董会英.地方高校校史文化育人的长效机制研究 [D].唐山：华北理工大学，2021.

[24] 刘珂.大学校史文化育人研究 [D].贵阳：贵州大学，2021.

[25] 李嘉茜.红色校史文化育人价值及实践路径研究 [D].桂林：广西师范大学，2022.

[26] 孙永超.大学文化视域下的高校校史文化建设研究 [D].长春：吉林大学，2014.

[27] 蒋思平.红色校史文化在我国大学文化选择中的价值及实践路向 [D].南京：南京邮电大学，2022.

[28] 金雁 . 以高校校史文化推进校园文化建设的路径研究 [D]. 成都：西南交通大学，2009.

[29] 付晓娇 . 高校校史档案及其教育价值研究 [D]. 南京：南京邮电大学，2021.

[30] 刘欢欢 . 高校校史的思想政治教育功能研究 [D]. 西安：陕西科技大学，2019.